Sergio Bambaren
Das Leuchten der Wüste

PIPER

Zu diesem Buch

Als Sergio Bambaren nach Marokko reist, hört er die Legende vom weisen Nomaden, der mit einem Herzfehler geboren wurde und dennoch seit Jahren fernab jeglicher Zivilisation in der Wüste lebt. Wer ist dieser mutige Mann, und warum hört Sergio ihn in seinen Träumen? Fest entschlossen, Khalil kennenzulernen, macht er sich auf in die Sahara und entdeckt dabei eine bezaubernde Oase, die wie ein grünes Band inmitten hoher Sanddünen liegt. Hier lebt der Nomade in perfektem Einklang mit der Natur. Er lehrt Sergio, dass man sein Leben nicht nach materiellen Gütern ausrichten muss, um glücklich zu sein.

Sergio Bambaren, geboren 1960 in Peru, gelang mit »Der träumende Delphin« auf Anhieb ein internationaler Bestseller, an den er mit weiteren Büchern anknüpfte. Er gab seinen Ingenieurberuf auf und widmete sich fortan ganz dem Schreiben und seiner Leidenschaft für das Meer. Er ist Vater eines Sohns, engagiert sich für »Dolphin Aid« und ist Vizepräsident der Umweltschutzorganisation »Mundo Azul«.

Sergio Bambaren

Das Leuchten der Wüste

Ein Buch für die Seele

Aus dem Englischen
von Gaby Wurster

PIPER

Mehr über unsere Autoren und Bücher: www.piper.de
Aktuelle Neuigkeiten finden Sie auch auf Facebook, Twitter und YouTube.

Von Sergio Bambaren liegen im Piper Verlag vor:
Der träumende Delphin
Ein Strand für meine Träume
Das weiße Segel
Samantha
Der Traum des Leuchtturmwärters
Stella. Ein Weihnachtsmärchen
Die Botschaft des Meeres
Die Zeit der Sternschnuppen
Der kleine Seestern
Die Rose von Jericho
Die Bucht am Ende der Welt
Die Blaue Grotte
Die Heimkehr des träumenden Delphins
Lieber Daniel
Die beste Zeit ist jetzt
Die Stunde der Wale
Die Weisheit deines Herzens
Das Leuchten der Wüste
Das Fenster zur Sonne
Der Klang der Stille

Kontakt zum Autor:
sbambaren@yahoo.com
Facebook: Sergio Bambaren
www.sbambaren.com

FSC
www.fsc.org
MIX
Papier aus verantwortungsvollen Quellen
FSC® C083411

Ungekürzte Taschenbuchausgabe
ISBN 978-3-492-30906-6
1. Auflage September 2016
2. Auflage August 2017

Titel der englischen Originalausgabe:
»The Beating Heart of the Desert«

Umschlaggestaltung: Mediabureau Di Stefano, Berlin
unter Verwendung einer Illustration von Dynamic Graphics, 2007/liquidlibrary/thinkstock
Satz: Fotosatz Amann, Memmingen
Gesetzt aus der Bauer Bodoni
Druck und Bindung: CPI books GmbH, Leck
Printed in the EU

An die Verrückten …

Dies richtet sich an die Verrückten, an die Unangepassten, die Rebellen, die Unruhestifter, die runden Stifte in den viereckigen Löchern, an diejenigen, die die Dinge anders sehen. Sie mögen keine Regeln und haben keinen Respekt vor dem Status quo. Ihr könnt sie zitieren, könnt anderer Meinung sein als sie, ihr könnt sie rühmen oder verdammen. Aber das Einzige, was ihr nicht machen könnt, ist, sie zu ignorieren, denn sie verändern Dinge. Sie bringen die Menschheit voran, mögen manche sie auch für verrückt halten. Man erkennt ihre Genialität: Menschen, die verrückt genug sind zu meinen, dass sie die Welt verändern können, sind diejenigen, die es auch tun.

Eure Zeit ist begrenzt, also verschwendet sie nicht, indem ihr das Leben eines anderen lebt. Lasst euch nicht von einem Dogma einfangen, was hieße, mit den Erkenntnissen anderer zu leben. Lasst den Lärm anderer Meinungen nicht eure innere Stimme übertönen. Und am wichtigsten ist es, den Mut zu haben, eurem Herzen und eurer Intuition zu folgen. Die beiden wissen, was ihr wirklich werden wollt. Alles andere ist zweitrangig.

Manchmal schlägt das Leben mit voller Härte zu. Verliert nicht das Vertrauen. […] Ihr werdet finden, was ihr liebt. […] Wenn ihr es noch nicht gefunden habt, sucht weiter. Bleibt nicht stehen. Wie bei allen Herzensangelegenheiten werdet ihr sie erkennen, wenn ihr sie findet. Und wie bei jeder guten Beziehung wird sie im Lauf der Jahre immer besser.

Zitate von *Apple*-Gründer Steve Jobs (1950–2011)

Vorwort

Dies ist eine wahre Geschichte, die ich schon vor langer Zeit hätte erzählen sollen. Heute habe ich endlich begriffen, warum ich es bislang nicht getan habe.

Verschiedentlich wollte ich schon meinen treuen Laptop aufklappen – mein Reisegefährte, der mich seit über zwanzig Jahren begleitet – und diese Geschichte niederschreiben. Dieser kleine, stille Freund hilft mir, in inspirierten oder auch verzweifelten Momenten in Worte zu fassen, was mein Herz sagen will. Allerdings ist die Inspiration wie auch die Melancholie ein Schatz, der sich nur offenbart, wenn man es am wenigsten erwartet. Und so hat mein Laptop, nur für den Fall der Fälle, immer einen Platz im Rucksack, obwohl ich gelernt habe, mit leichtem Gepäck durch mein Leben zu reisen.

Ich saß in einem gemütlichen Café auf der malerischen, gut gepflegten Piazza von Oleggio, einer typischen Provinzstadt im Norden Italiens. Dort leben die Menschen in Ruhe und Frieden, umgeben von üppig grünem Land, das allerlei Feldfrüchte hervorbringt. Ich hatte gerade eine wunderbare, jedoch anstrengende Lesereise durch Norditalien hinter mir. In Städten wie Bergamo, Genua, Rimini, Bologna, Mailand und an ein paar kleineren Orten durfte ich aus nächster Nähe die Freundlichkeit der Menschen kennenlernen, die dieses wundervolle Land mit Leben füllen.

Nachdem ich zwei köstliche *espressi* geschlürft und zum Abschluss ein herrliches *gelato* genossen hatte, hörte ich eine Stimme: »Sergio! Sergio!«

Ich drehte mich um, um nachzusehen, wer nach mir gerufen hatte. Aber da war niemand. Wahrscheinlich hatte ich es mir nur eingebildet, dachte ich.

Ich wollte bezahlen und weitergehen, da rief wieder eine Stimme aus dem Nichts:

»Sergio! Sergio!«

Und auf einmal erinnerte ich mich, wo ich diesen Ruf, diese Stimme vor so vielen Jahren schon einmal gehört hatte: an der zerklüfteten Küste des Königreichs Marokko, unweit der endlosen Wüste der Sahara.

Vor mir auf dem Tisch lag mein treuer Laptop.

Ich öffnete ihn.

Es war an der Zeit, in Worte zu bringen, was mein Herz mir so lange verborgen hatte.

I

Vor vielen Jahren reiste ich auf der Suche nach der perfekten Welle um die Welt. Nachdem ich gehört hatte, dass eine sagenhafte Brandung stetig die Nordwestküste Afrikas peitscht, ging ich zum Wellenreiten in das legendäre Königreich Marokko. Genauer gesagt führte mich meine Reise nach Agadir, einem Surf-Mekka für all diejenigen, die sengende Hitze aushalten können, die gern ferne Länder erkunden und die neue Welten entdecken sowie Menschen kennenlernen wollen, von denen man nur träumen kann. Und die natürlich perfekte Wellen reiten wollen.

Um nach Marokko zu kommen, musste ich über Spanien fliegen – ein wunderbarer Anlass, meinen Vater zu besuchen, der in der einstigen Römerstadt Palencia in der Nähe von Valladolid in Nordspanien lebt.

Mein Vater ist ein ganz besonderer Mensch. Er behält sein Wissen normalerweise für sich und teilt es nur sehr selten mit anderen Menschen und nur, wenn sie ihm aufmerksam zuhören. Er besitzt eine Bibliothek, um die ihn viele beneiden. Die Bücher hat er sorgsam ausgewählt – Bücher, aus denen man wahrlich fürs Leben lernen kann. Doch ich glaube, die größte Tugend meines Vaters ist seine Geduld, anderen zuzuhören. Er hört nicht bloß, was jemand sagt, er spürt auch, was derjenige ausdrücken will, und ich denke, das ist ein großer Unterschied. Meinem Vater liegen die Menschen wirklich am Herzen.

Ich sage den Leuten immer, dass sie, bevor sie diese Welt verlassen, denen danken sollen, die ihr Leben zum Besseren verändert, und jenen vergeben sollen, die ihre Lebensreise in irgendeiner Weise behindert haben. Bei meiner Mutter habe ich mich dafür bedankt, dass sie mich immer mit einer Hingabe und reinen Zuneigung geliebt hat, die ich sonst nicht sehr oft erlebt habe. Meinem Vater habe ich gedankt, dass er mir seine Weisheit vermittelt und mir eine Kindheit ermöglicht hat, die als Beispiel für wahres Glück steht. Doch vor allem trage ich meine Eltern ständig im Herzen, weil sie einen Menschen geschaffen haben, der sein Leben nach Prinzipien führt und anderen grundsätzlich und immer mit Ehrlichkeit und Liebe begegnet. Meine Eltern halfen mir, meine Flügel zu spreizen und meinen Träumen entgegenzufliegen, indem sie stets meine Entscheidungen respektierten, selbst als ich noch sehr jung war. Wenn ich aus irgendwelchen Gründen einen Fehler machte und wegen einer schlechten Entscheidung, die ich getroffen hatte, gegen die Wand lief, waren sie immer für mich da und halfen mir, wieder auf die Beine zu kommen. Sie urteilten nie über das, was ich tat, sie ließen zu, dass ich fiel und meine Lektion lernte, sie reichten mir die Hand und halfen mir, wieder in die Spur zu kommen.

~

Also tut es, bedankt euch! Wir Menschen errichten gern Denkmäler und opulente Grabstätten für die Toten. Aber wartet nicht, bis es zu spät ist und ihr jenen Menschen nicht mehr direkt in die Augen sehen könnt, die euch die Chance gegeben haben, auf diese Welt zu kommen und alles Gute und auch Schlechte zu erleben, das jedem Menschen auf seiner Reise begegnet. Wenn ihr euch zu Lebzeiten bei den Menschen bedankt, die ihr liebt, werdet ihr das schönste Lächeln in ihren Gesichtern wahrnehmen, das ihr je gesehen habt. Glaubt mir.

~

Es machte mich glücklich, meinen Vater bei guter Gesundheit und immer mit einem Lächeln auf den Lippen wiederzusehen. Wir verbrachten zusammen ein paar Tage mit langen Gesprächen bei köstlichem Kaffee. Ich weiß gar nicht genau, wie alt er eigentlich ist – wahrscheinlich weiß er es selbst nicht. Er kümmert sich genauso wenig um die verstreichenden Jahre wie ich. Er lebt im Hier und Jetzt und hat die einzigartige Gabe, Schönheit und Weisheit zu finden, wo andere gar nichts sehen. Als die Zeit des Abschieds nahte, gab ich ihm einen zärtlichen Kuss, sagte ihm, wie sehr ich ihn liebe, und bedankte mich dafür, dass er mich immer hatte derjenige sein lassen, der ich bin. Er lächelte, dann sah er mir ernst in die Augen. Worte waren bedeutungslos, es gab keinen Raum für sie. Unsere Herzen hatten alles gesagt. Die Stunde des Abschieds war gekommen.

Ich fuhr weiter an den südlichsten Zipfel Spaniens, nach Tarifa, einem bei Windsurfern weltbekannten Topspot. In Tarifa nahm ich die Fähre über die »Straße von Gibraltar« genannte Meerenge nach Tanger, einer Hafenstadt an der marokkanischen Nordküste. Ich hatte die christliche Welt verlassen und das Reich des Islam betreten. Statt Kirchen gab es Moscheen, statt Kreuzen Minarette. Doch aus meiner bescheidenen Perspektive war dies alles, was sich verändert hatte. Menschen sind und bleiben einfach überall Menschen.

Nach einer Fahrt mit der alten Eisenbahn, die die Franzosen vor weiß Gott wie vielen Jahrzehnten gebaut hatten und die bei brütender Wüstenhitze und mit einer Geschwindigkeit von dreißig Stundenkilometern durch einige größere Städte Marokkos führte – mit regelmäßigen Stopps, damit die Muslime beten konnten … und ich betete, dass der alte, rostige Zug sich wieder in Bewegung setzt –, kam ich schließlich in Agadir an der marokkanischen Atlantikküste an. Tosende nordatlantische Stürme peitschen mitunter die Gestade dieses märchenhaften Königreichs und schaffen tolle Wellen, die von den Surfern sehnlich erwartet werden. Es gibt dort viele Surfspots, die nicht weit voneinander entfernt sind, manche liegen sogar in Gehweite zueinander. Die salzige Brise erfrischte meine Seele. Ich war endlich wieder da, wo ich hingehörte.

Ich surfte ein paar Wochen lang. Ein perfekter Righthander nach dem anderen brach sich, und im Wasser waren nur sehr wenige Surfer – ein weiterer kleiner Himmel hier auf Erden.

In Agadir traf ich Soul-Surfer aus aller Herren

Länder. Genau wie ich waren sie an diese magische Wüstenküste gereist, um jenes besondere Gefühl zu erleben, das nur ein Surfer nachvollziehen kann. Menschen aus Europa, Australien, Japan, Brasilien, hauptsächlich aber Einheimische bildeten das Völkchen der Soul-Surfer, die alles »Wichtige« in ihrem Leben zurückgelassen hatten, um gemeinsam das zu tun, was sie am meisten lieben – sich in die salzigen Fluten zu stürzen und perfekte Wellen zu reiten.

So einfach ist das.

Jeden Tag, kurz bevor die Sonne über dem schneebedeckten Atlasgebirge aufging, das sich zwischen der Küstenebene und der Sahara erhebt, paddelte ich mit einem Marokkaner hinaus aufs Meer.

Er sprach fließend Spanisch, schließlich trennt Marokko und Spanien lediglich ein schmaler Wasserweg. Nur aus diesem Grund wurde ich als Katholik geboren und er als Moslem, nur wegen eines Streifens Wasser … Zwei Welten, die so nah und doch so fern sind, hervorgegangen aus unterschiedlichen Kulturen und Religionen. Doch letztendlich einte uns etwas Bedeutungsvolleres: Unabhängig von unserem Glauben und unserer Religion waren wir einfach Surfer. Das zeigte mir, dass Gemeinschaften unterschiedlichen Glaubens in guter Eintracht zusammenleben können, wenn etwas Stärkeres sie verbindet, egal, woher sie kommen und wer sie sind.

Wir waren einfach Soul-Surfer und taten das, was uns das Liebste war.

II

Mit der Zeit wurde unsere Freundschaft enger. Amir war ein sanftmütiger Mensch, der Agadir zu seiner Wahlheimat gemacht hatte. Er stammte aus Rabat, der Hauptstadt des Landes, und war nach Süden gezogen, als seine Leidenschaft für das Surfen gewachsen war. In Agadir hatte er nun sein persönliches Paradies auf Erden gefunden, wie er mir sagte. Amir sah mir an, dass ich ein reiselustiger Mensch bin, der die Welt mit eigenen Augen sehen und die Schönheit entdecken will, die selbst im abgelegensten Winkel der Welt liegt, ein Mensch, der sie spüren und fühlen möchte, der selbst dort sein möchte – so wie er auch.

Eines Abends nach einem unglaublichen Tag auf dem Brett schmerzte mein ganzer Körper. Ich hatte von morgens bis abends gesurft. Nach einem herzhaften Abendessen aus Couscous, leckeren Trockenfrüchten und Nüssen wollte ich nur noch ins Bett. An dieser felsigen Küste stehen die Surferhütten auf hohen Klippen, wo der frische Seewind die Bewohner vor der sengenden Hitze schützt. Ich zog mich aus und schlief sofort ein.

Normalerweise träume ich nicht – ich träume im Wachen! –, und nach einem erfüllten Tag schlafe ich tief und traumlos.

Doch dieses Mal nicht. In dieser Nacht träumte ich, ich sei mitten in der Sahara und gehe barfuß nachts durch die ewigen Dünen, die man bis zum Horizont sehen konnte. Der Vollmond stand hell am Nachthimmel, ein Gefühl von Einsamkeit umgab mich.

Wie ich nackt durch den Sand ging, hörte ich plötzlich eine Stimme, die mich rief:

»Sergio! Sergio!«

Ich konnte niemanden sehen. Ich versuchte herauszufinden, woher die Stimme kam, aber es gelang mir nicht.

Da hörte ich sie wieder. Und auf einmal merkte ich, dass mir in weiter Ferne ein matter Lichtstrahl über dem trockenen Sand den Weg wies. Ich ging weiter. Das Licht strahlte heller, während ich darauf zulief. Aus der Ferne gesehen, war es nur ein fahler Schimmer, der scheinbar aus dem Nirgendwo kam. *Was ist das?*, fragte ich mich. Als ich mich dem Licht näherte, sah ich nicht nur, dass es seine Farben veränderte, sondern auch, dass es sich bewegte, als sei es lebendig.

Nach etwa zweihundert Metern bemerkte ich schließlich, dass das Licht hinter einer kleinen Düne hervorschien. Ich umrundete den Sandhügel und fiel fast in Ohnmacht, als ich sah, was es war: ein menschliches Herz, das sich im weichen, kühlen Wüstensand der nächtlichen Sahara bewegte, ein schlagendes Herz und sonst nichts.

»Sergio! Sergio!«

In diesem Moment wachte ich auf. Ich war von Kopf bis Fuß schweißgebadet und zitterte heftig. Dieser Traum war mir so wirklich vorgekommen!

Aber was hatte ein schlagendes Herz mitten in der Wüste zu bedeuten?

Am nächsten Tag ging ich wieder mit meinem marokkanischen Freund Amir surfen. In der hellen Morgensonne und im klaren Meer sahen die Wellen aus wie smaragdene Dünen aus Wasser.

Doch den Traum der letzten Nacht konnte ich nicht vergessen. Ich war mir sicher, dass es ein Zeichen war – etwas, das ich tun oder begreifen musste, damit ich es loslassen konnte. Ich hatte nämlich die Erfahrung gemacht, dass bestimmte Zeichen, bestimmte Träume nur einmal im Leben auftreten. Und wenn man nicht handelt und nicht versucht, die Bedeutung dieser Botschaft zu erfassen, verflüchtigt sie sich, und man verpasst einen dieser erleuchtenden Momente, die immer dann kommen, wenn man sie am wenigsten erwartet.

Nach fast drei Stunden auf dem Meer waren wir müde. Wir froren und beschlossen, an den Strand zurückzukehren, wo wir uns in den feuchten Sand direkt am Wasser setzten.

»Amir?«

»Ja, Sergio?«

»Hoffentlich denkst du jetzt nicht, dass die Wüstenhitze mir den Verstand raubt, aber ich muss jemandem erzählen, was ich gestern Nacht geträumt habe«, sagte ich.

»Ich höre dir zu«, sagte Amir.

»Ich träume normalerweise nicht oder zumindest erinnere ich mich nicht, nachts geträumt zu haben. Ich weiß auch nicht, wann ich das letzte Mal einen Albtraum hatte ... Ich träume, wenn ich wach bin. Vermutlich liegt es daran, dass ich das Leben lebe, das ich mir immer gewünscht habe. Aber vergangene Nacht hatte ich einen Traum, der mir selbst jetzt noch ganz real vorkommt.«

»Was hast du denn geträumt?«, fragte Amir.

»Ich habe ein schlagendes menschliches Herz im Sand der endlosen Sahara liegen sehen. Es leuchtete und veränderte seine Farben – und es hat zu mir gesprochen.«

Amir sah mich bass erstaunt an. »Woher wusstest du das?«

»Was wusste ich?«, fragte ich zurück.

Amir legte sein Surfbrett zur Seite, trocknete sein Gesicht mit einem Handtuch ab und starrte mich an.

»Was du geträumt hast, ist phantastisch, Sergio! Weißt du, schon jahrelang geht hier die Sage von einem weisen Berber, einem Wüstenbewohner, von dem nur wenige Menschen wissen. Sie sagen, er sei so etwas wie ein Prophet, ein Mensch, der ganz anders ist als andere, sowohl körperlich wie auch geistig. Hast du schon einmal von den Tuareg gehört, dem blauen Volk der Wüste?«, fragte er mich.

»Nein.«

»Ich denke, du solltest sie kennenlernen und vielleicht sogar einige Zeit mit ihnen verbringen. Die Tuareg sind Nomaden. Wie wir Surfer, nur aus einem anderen Grund.«

»Kennst du sie?«, fragte ich ihn.

»Ich hatte das große Glück, eine Zeit lang bei einem kleinen Tuareg-Stamm leben zu dürfen«, sagte Amir, »bei ›dem blauen Volk‹, wie man die Tuareg auch nennt. Sie ziehen wochenlang durch die Wüste und handeln mit Salz oder anderen Waren auf fernen Märkten. Man nennt sie so, weil sie wunderschöne, blau gefärbte Übergewänder aus Baumwolle tragen, die bis zu den Knöcheln reichen, und sogar einen Gesichtsschleier, der sie am Tag vor der großen Hitze und in der Nacht vor den kalten Temperaturen in der Sahara sowie vor den Sandstürmen schützt, die unerbittlich in der Wüste toben. Doch wirklich verblüfft hat mich, dass die meisten Tuareg trotz der erbarmungslosen Wüstenhitze, die ihre Haut tiefschwarz gefärbt hat, blaue Augen haben. Sie hatten mich eingeladen, einen Monat lang mit ihnen zu leben«, erzählte Amir. »Am Fuß des Atlasgebirges zogen wir durch die Sahara. Sie führten ihre Tiere – Kamele, Ziegen und Pferde, beladen mit Salzblöcken – durch die trockenheiße Wüste, die sich unendlich zu erstrecken scheint, so weit das Auge reicht. Von diesem Stamm habe ich folgende Sage gehört: Es war einmal ein weiser Mann, dessen Herz von Geburt an nur mit einer dünnen Hautschicht bedeckt war. Wenn er abends von ein paar wenigen glücklichen Männern und Frauen umgeben war, sprach er, und je nach Gesprächsthema oder je nach der Stimmung, in der er jeweils war, wechselte sein Herz die Farbe. Sie sagten, man hätte wirklich sehen können, wie sein Herz leuchtete.«

»Wo kann ich ihn finden?«

»Schwer zu sagen«, antwortete Amir. »Ich habe gehört, dass er eines Tages beschlossen hat, seinen Stamm zu verlassen und irgendwo in der Wüste zu leben. Er muss jetzt sehr alt sein, keiner weiß, ob er noch lebt oder schon gestorben ist. Wer weiß? Vielleicht hat sein Herz am Ende aufgegeben.«

»Ich muss ihn finden!«

Amir sah mich an, dann blickte er aufs Meer.

»So wie ich dich einschätze, wirst du sicherlich alles daransetzen, ihn zu finden«, sagte Amir. »Aber das musst du allein schaffen, mein Freund. Ich habe dir alles gesagt, was ich weiß.«

III

Fünfzig Jahre zuvor lief eine Frau aus einem der typischen Zelte, in denen das blaue Volk der Wüste die Nacht verbringt, wenn es die Sahara durchwandert. Sie hatte gerade bei der Geburt eines Kindes geholfen und rief:

»Es ist ein Junge!«

Die meisten Stammesmitglieder standen wartend vor dem Zelt, durften aber nicht hinein. Die Frau eilte zur Schlafstatt des Oberhauptes und weckte den Mann.

Er wurde in das Zelt mit dem Neugeborenen gebracht, wo ein paar Frauen sich um Mutter und Kind kümmerten. Gähnend hob der Stammesführer das eingewickelte Baby hoch, das völlig normal aussah. Doch eine der Frauen ging zu ihm und bat ihn, das Tuch von der Brust des jungen Lebens zu entfernen, das mitten in der Wüste zur Welt gekommen war. Als das blaue Tuch schließlich zurückgeschlagen war, staunten alle Anwesenden über das, was sie da sahen.

Auch der Anführer konnte es nicht glauben, doch nach dem ersten Überraschungsmoment schloss er das Neugeborene zärtlich in die Arme.

»So etwas habe ich noch nie gesehen«, sagte er, wobei er jedoch eher gelassen als verblüfft klang.

Das Herz des Kindes lag fast frei, nur ein dünnes Häutchen hielt es in der Brust. Es schlug ganz normal, aber aus irgendeinem Grund hatte die Natur es an eine Stelle gesetzt, wo es nicht hingehörte. Dennoch wirkte das Baby vollkommen gesund. Es schien unter seinem blauen Baumwolltuch ganz schmerzlos und friedlich zu schlummern.

Als der Anführer nach draußen ging, um das Neugeborene seinem Stamm zu zeigen, wachte die Mutter plötzlich auf und wollte ihr Baby sehen. Doch ein Stammesmitglied hielt sie zurück.

»Bleib bitte liegen, Tamara. Ganz ruhig! Deinem Kind geht es gut.«

»Ich will es sehen!«, beharrte die Mutter.

»Kein Grund zur Sorge, Tamara. Dein Sohn ist in den fähigen Händen unseres Oberhauptes und schläft selig«, beruhigte er sie.

»Versprich mir, dass alles in Ordnung ist. Bitte versprich es mir!«, bat ihn die Mutter verzweifelt.

Der kräftige Mann sagte nichts. Er drehte sich um und verließ das Zelt. Nach einiger Zeit kam der Stammesführer wieder, um der wartenden Mutter das Kind zurückzugeben.

Als ein paar junge, neugierige Männer und Frauen ungebeten mit ihm das Zelt betraten, wusste Tamara, dass etwas nicht stimmte. Sie hatte das Gespür einer Mutter. Sofort dachte sie, dass wohl etwas gründlich schiefgegangen sein musste.

»Hier ist dein Sohn«, sagte das Stammesoberhaupt. »Er ist ein bisschen anders als wir, aber es scheint ihm bestens zu gehen.«

Kaum hatte die Mutter das Baby im Arm, wickelte sie es aus dem warmen, blauen Tuch.

Draußen am Himmel über der Sahara hing die übliche Wolkendecke, die sich langsam auflöste und die unbarmherzige Sonne auf die Wüste herniederbrennen ließ.

Tamara schlug den letzten Zipfel des Tuches zurück, und eine stille Träne fiel aus ihrem Auge auf die Brust des Sohnes. Sie gab keinen Laut von sich, blickte nur durch das Fenster in den noch teilweise verhangenen Wüstenhimmel und sah den schönsten Regenbogen seit Jahren. Durch das bunte Naturschauspiel zog sich ein violettes Band, das die anderen Farben überschattete und Tamara mit einem nie gekannten Seelenfrieden erfüllte.

Sie deutete es als ein Zeichen, dass ihr Kind mit einer besonderen Berufung geboren worden war und dass sie eines Tages herausfinden würde, worin diese Berufung bestand.

Sie atmete tief durch und deckte ihren neugeborenen Sohn behutsam zu.

»Tamara! Tamara!«, rief jemand immer wieder.

»Ich bin hier, mein Geliebter«, sagte sie liebevoll.

Anwar trat ein. Während der Geburt war er stramm um die angrenzende Umfriedung des hellen Zeltes marschiert. Nun konnte er nicht länger warten – schweißgebadet wollte er nach seiner Frau sehen. Schließlich war er der Vater des Kindes.

»Es ist ein Junge«, sagte sie stolz. »Ich habe dir einen Jungen geschenkt.«

Anwar sah Tamara mit einer Zärtlichkeit an, die so gar nicht zu seinem sonnengegerbten Gesicht passte. Lächelnd hielt er seinen Sohn im Arm, sagte aber kein einziges Wort.

IV

Sie gaben dem Kind den Namen Khalil.

In einem weißen Zelt, das nur der Wüstenwind in der Gluthitze kühlte, wuchs Khalil im traditionellen blauen Gewand der Tuareg auf wie alle anderen Kinder. Keiner hätte gedacht, dass er mehr als ein paar Tage überleben würde, doch entgegen allen Widrigkeiten war er kerngesund und wuchs heran. Tage wurden zu Wochen, Wochen zu Monaten und Monate zu Jahren.

Anfangs war Khalil schüchtern, weil er wusste, dass er von Geburt an anders war als die anderen. Er kam sich komisch vor, weil sein Herz nur von einer dünnen Haut in seinem Körper gehalten wurde, und seine Freunde lachten ihn deswegen manchmal aus. Doch Khalil hatte bemerkt, dass mit seinem Herzen etwas Merkwürdiges, aber Faszinierendes vor sich ging: Je nachdem, wie er sich fühlte und was er sagte, ob er glücklich oder traurig oder einfach nur nachdenklich war, veränderte sich dessen Farbe. Eines Nachts, als er sich von seinem

Stamm ein wenig entfernt hatte und sich fragte, warum er so anders auf die Welt gekommen war, fing er an zu weinen. In diesem Augenblick fiel eine wunderschöne Sternschnuppe vom kristallklaren Wüstenhimmel und schien in nächster Nähe neben Khalil zu landen. Sein Herz schlug schneller, und trotz der Baumwollkleider, die ihn vor der Kälte schützten, sah er zum ersten Mal, wie sein Herz leuchtend grün wurde. So eine tolle Farbe hatte er an seinem Herzen noch nie gesehen! Obwohl Khalil erst sieben Jahre alt war, begriff er, dass der Himmel ihm ein Zeichen gesendet hatte. Lächelnd stand er auf und ging zu der Stelle, wo er die Sternschnuppe hatte fallen und die Erde berühren sehen.

Er ging langsam durch die Dünen und den kühlen Sand der Wüstennacht und suchte … Er wusste nicht, was er finden würde, aber er wusste, dass er weitersuchen musste.

Nach zehn Minuten, als das matte Licht aus den Zelten des Nachtlagers seines Stammes immer schwächer wurde, sah Khalil ein kleines, grün leuchtendes Insekt, das ihn still ansah. Es sah aus wie eine Heuschrecke, war aber kleiner, und seine grüne Färbung war nicht dunkel, sondern leuchtend hell und funkelte in der Wüstennacht. Es war eine Libelle. Khalil hob sie vorsichtig auf. Das kleine Geschöpf fürchtete sich nicht vor ihm und krabbelte sachte an seinem Arm hinauf. Als Khalil, noch immer überrascht, zusammenzuckte, kroch das Tierchen unter seine Kleider und setzte sich direkt auf sein Herz.

Dann sprach das kleine Smaragdjuwel: »Vertraue auf Gott, lieber Khalil. Er weiß besser, was er tut, als du denkst. Vertraue dir selbst. Vertraue auf die Liebe, denn du selbst bist die Liebe. Angst ist lediglich Ausdruck einer verletzten Liebe. Kümmere dich nicht darum, was andere sagen oder denken. Du bist zur richtigen Zeit am richtigen Ort. Lebe dein Leben in der Gegenwart, Gott hat es für dich erschaffen, und es ist vollkommen. Tauche ein ins Hier und Jetzt, achte auf jede Kleinigkeit und fühle sie intensivst. Dann wirst du feststellen, dass du in deinem Herzen alle Antworten findest, die du suchst. Ich werde in deiner Nähe bleiben, bis die Zeit reif ist. Wenn du es zulässt, werde ich stumme Zeugin deiner Handlungen sein und dir manchmal ein paar Worte ins Herz flüstern, damit du dich nicht einsam fühlst, bis es so weit ist und du die Botschaft verbreiten kannst. Denn du bist auf diese Welt gekommen, um sie anderen zu übermitteln.«

Khalil streichelte zärtlich das winzige Köpfchen seiner seltsamen, neuen und wundervollen Freundin, die vom Sternenhimmel gefallen war, um ihm seine Mission verstehen zu helfen.

»Wie soll ich dich nennen?«, fragte Khalil.

»Nenne mich Liebe.«

Langsam ging Khalil zum Lager zurück. Im Herzen trug er das schönste grüne Wesen, das er je gesehen hatte. Voller Sorge um ihn kam seine Mutter aus dem Zelt gerannt.

»Wo warst du, Khalil?«

»Ich bin nur im Sand gesessen und habe in die Sterne geblickt.«

»Gut«, sagte seine Mutter, »aber das nächste Mal gibst du mir Bescheid, bevor du das Lager verlässt.«

»Ja, das werde ich. Verzeih mir, Mutter.«

Sie lächelte und nahm ihn mit all der Liebe, die sie empfand, in die Arme.

Beide schlossen die Augen in dieser Umarmung, die so nur zwischen Mutter und Sohn möglich ist. Tamara sah nicht, dass Khalils Herz nun rot leuchtete und das kleine Geschöpf, das vom Himmel gefallen war, voller Freude diesen einzigartigen Moment wahrer Liebe zwischen zwei Menschen erlebte, die eines Tages – das wusste die Libelle – einander helfen würden, die magische Mission zu begreifen, die beide als ihren Lebenszweck erfüllen müssten. Und mittels ihrer Taten sollten sie der Welt Kunde einer ganz außergewöhnlichen Botschaft geben.

V

Die Jahre vergingen, und das kleine Kind, dessen Herz fast die Luft der Welt berührte, wuchs ganz normal heran. Dass sein Herz nur von einem Häutchen bedeckt war, schien für Khalil kein Problem zu sein. Er liebte alles. Das Geschöpf namens Liebe kam immer wieder und versteckte sich in seinen blauen Kleidern ganz nah beim Herzen. Khalil spielte mit den anderen Kindern und lernte von den Älteren die Traditionen des Berbervolkes. Er half bei der täglichen Arbeit und ritt auf einem kleinen Kamel mit den anderen durch die Wüste.

Eines Tages jedoch, bei einem Aufenthalt in einer kleinen Oase mitten in der Sahara, kletterte Khalil auf eine Dattelpalme. Er wollte die prallsten Datteln pflücken, verlor aber das Gleichgewicht und fiel vom Baum.

»Khalil!«, schrie die Mutter und rannte zu ihrem Jungen, der auf der harten Erde lag und sich nicht mehr rührte. Auch der Vater eilte herbei und nahm

Khalil behutsam in den Arm. Er drehte ihn auf den Rücken und sah zu seinem und dem Entsetzen der Mutter, dass sich ein dicker Dorn mitten in Khalils Herz gebohrt hatte. Blut spritzte über die kleine Brust.

Vorsichtig zog der Vater den Dorn aus dem Herzen des Sohnes und bedeckte die offene Wunde mit einem Tuch. Er konnte die Blutung stoppen, aber das Kind hatte eine Menge Blut verloren.

»Wir müssen ihn ins Krankenhaus bringen«, sagte Tamara.

Der Junge war ganz blass geworden und sah gar nicht gut aus. Also ritten der Vater und drei andere Männer vom Stamm schleunigst in den nächsten Ort.

Nachdem sie die ganze Nacht unterwegs gewesen waren, erreichten die Männer schließlich die Stadt. Sie hatten keine Zeit zu verlieren und ritten direkt zum Hospital – denn Khalil war kaum noch am Leben. Die Ärzte brachten ihn umgehend in den Operationssaal. Sie erschraken über Khalils Herz, so etwas hatten sie noch nie im Leben gesehen. Aber sie mussten schnell handeln. Sie entfernten das blutige Tuch, legten eine Kanüle an den zierlichen Arm und fingen sofort an, Blut und Serum in seinen zerbrechlichen Körper zu pumpen. Umsichtig schlossen sie die Wunde am Herzen und brachten den Kleinen auf die Intensivstation.

Khalils Vater und die anderen drei Männer saßen im Warteraum. Nach einer Weile sahen sie den Arzt aus dem OP kommen.

»Wird er es schaffen?«, fragte Anwar.

»Es ist noch zu früh, um das sicher zu sagen«, meinte der Arzt. »Er hat viel Blut verloren, aber wir konnten die Wunde am Herzen schließen, und im Moment bekommt er eine Bluttransfusion. In meiner ganzen Laufbahn hatte ich noch nie einen Patienten, der in einer ähnlichen Verfassung war wie Ihr Sohn. Überdies ist er meines Wissens wohl auch der einzige Mensch, der so lange mit einem Herz lebt, das nicht an der richtigen Stelle sitzt. Ich denke, die nächsten vierundzwanzig Stunden werden entscheidend sein, und wir können nichts tun, außer zu warten.«

Am nächsten Morgen sagte der Arzt zu Khalils Vater: »Es ist einfach unglaublich. Ich dachte, Ihr Sohn würde die Nacht nicht überstehen – aber er lächelt, und die Narbe ist verschwunden! Ich kann mir das nicht erklären, aber wenn Sie an Wunder glauben, dann haben wir heute eines erlebt.«

»Wann können wir ihn wieder mit zurücknehmen?«, fragte Anwar.

Der Arzt machte ein finsteres Gesicht.

»Ich glaube nicht, dass sein Herz stark genug ist, um in der Wüste zu überleben. Es wird nur von einer dünnen Hautschicht geschützt, und schon bei einem kleinen Unfall könnte es aufhören zu schlagen. Mein Rat: Er soll hier in der Stadt bleiben, wo er, wenn nötig, schnell Hilfe bekommt und sich sicher fühlt. Er kann in einer beschützten Umgebung aufwachsen und eine gute Ausbildung bekommen.«

Vom Bett aus sagte Khalil: »Ich will zurück in die Wüste, zu meinen Freunden, zu meiner Familie. Dahin gehöre ich!«

Die Männer sahen einander an, und Khalils Vater sagte mit Tränen in den Augen:

»Du bist ein lebendes Wunder, Sohn. Ich lasse dich nicht in die Wüste zurückgehen, zumindest so lange nicht, bis du so gesund bist, dass du das harte Leben aushalten kannst, das wir führen. Die Entscheidung ist gefallen, und wir hoffen, du verstehst, dass es zu deinem Besten ist. Wir lieben dich mehr als alles andere auf der Welt.«

Khalil senkte den Kopf, eine Träne rann über seine Wange. Wegen des dunklen Tuchs, das seine Brust bedeckte, sah niemand, dass sein Herz sich von Hellrot zu einem dumpfen Grau verfärbt hatte. Außerdem bemerkte keiner die Anwesenheit von Liebe, die an die Decke des Krankenzimmers geflogen war und die ganze Zeit bei Khalil blieb.

VI

Mit sechzehn schloss Khalil die Schule ab. Er war noch ein paar Tage im Krankenhaus geblieben, bis die Ärzte sicher gewesen waren, dass sein Herz verheilt war. Entgegen allen Befürchtungen hatte er überlebt, und er unterschied sich im Grunde nicht von anderen Jugendlichen.

Liebende Pflegeeltern kümmerten sich um Khalil. Sie hatten ein gutes Leben in der Stadt und fanden, dass sie den Jungen, wenn er denn ein Wunder Gottes war, aufnehmen sollten, damit er ein normales Leben führen konnte.

Das einzig Ungewöhnliche an Khalil war eine abgerundete Kunststoffklappe in der Brust, die sein Herz ein bisschen besser vor eventuellen Unfällen schützen sollte. Aber das war alles.

Und nicht einmal die Pflegeeltern bemerkten Liebe, die sich jeden Abend, wenn Khalil sich schlafen legte, auf sein Herz setzte. Liebe war nämlich auf die Welt gekommen, um auf das Schlagende Herz der Wüste aufzupassen.

Nun, so war es.

Khalil lebte tatsächlich ein normales Leben. Er wuchs mit der Liebe seiner Pflegeeltern sowie in Gesellschaft seiner Libelle Liebe auf, und er ging wie andere Kinder zur Schule. Zwar mochte er die Stadt nicht, und der Wüstensand war noch immer in seinem Herzen und in seinem Kopf präsent, aber er gehorchte seinen Pflegeeltern. Doch als er die Schule beendet hatte, war der Ruf der pulsierenden Wüste stärker als alles andere. Tagsüber spürte er die heiße Wüste, nachts träumte er vom ewigen Sand und von seinem Stamm, jenem Ort, an den er eigentlich gehörte und zu dem er sich so sehnlich hingezogen fühlte. Manchmal erwachte er am Morgen ganz verschwitzt, als wäre er wirklich in der Wüste gewesen und hätte nicht nur davon geträumt.

Eines Tages saß Khalil im Garten seiner Pflegeeltern und nahm vorsichtig seine Freundin Liebe in die Hand. Das Tierchen hatte keine Angst vor ihm, es kroch an seinem Arm hinauf und in seine Kleider, bis es auf dem dünnen Häutchen über dem Herzen sitzen blieb und sagte:

»Khalil, dein Herz sagt dir, dass nun die Stunde gekommen ist, dorthin zurückzukehren, wo schon immer dein Platz war. Jetzt bist du groß und stark, und die Zeit ist reif dafür, dass sich dein wahres Schicksal offenbart. Du hast den Ruf gehört!«

»Ja«, sagte er. »Aber was soll ich meinen Pflegeeltern sagen?«

»Lass dein Herz zu ihnen sprechen – denn das ist es, was du am besten kannst und was dich von anderen Menschen unterscheidet.«

Am Abend ging Khalil ins Schlafzimmer seiner Pflegeeltern. Sie wirkten bedrückt, als wüssten sie schon, was ihr Ziehsohn ihnen nun mitteilen würde. Er setzte sich zu ihnen aufs Bett.

»Ich muss zurück in die Wüste«, sagte er.

Der Pflegevater nahm die Hand seiner Frau und sagte:

»Wir wussten, dass dieser Tag kommen würde, Khalil. Uns blutet das Herz, weil wir nicht länger mit dir zusammen sein können, aber du musst dein eigenes Leben leben. Ich vermute, es ist ein ganz besonderes Leben, und wir wollen deinen Träumen nicht im Wege stehen. Du hast Licht und Liebe in dieses Haus gebracht, du hast ein Heim daraus gemacht, und dafür danken wir dir.«

»Ihr werdet mir fehlen«, sagte Khalil.

»Und du wirst uns fehlen. Aber wenn man jemanden wirklich liebt, muss man ihn früher oder später gehen lassen. Und jetzt ist deine Zeit gekommen, Khalil, nun musst du mit deinen eigenen Flügeln deinem Lebensziel entgegenfliegen.

Wir hoffen, dass du uns eines Tages wieder besuchen kommst. Aber wenn nicht, dann werden wir jedes Mal an dich denken, wenn ein Sandsturm aus der Wüste durch die Stadt zieht. Du wirst immer bei uns sein. Immer.«

Am nächsten Tag kauften die Pflegeeltern in der Kasbah ein Pferd sowie Proviant und Kleider für Khalil und verabschiedeten sich von dem Sohn, der auf seinem Pferd die Stadt verließ und auf der Suche nach seinem Stamm seinem Schicksal entgegenritt. Er zweifelte nicht daran, dass er seine Leute eines Tages finden und wieder mit dem heißen Wüstensand der Sahara eins werden würde. Liebe würde ihn führen. Und das tat sie.

Damals wusste Khalil aber noch nicht, dass das Leben andere Pläne mit ihm hatte. Sein Schicksal kannte nur ein Wesen: Liebe.

VII

Am nächsten Morgen wachte ich mit den ersten Sonnenstrahlen auf. Eine neue Brandung war aufgekommen, die Wellen schlugen an die Küste und bildeten perfekte Barrels. Ein Paradies für Surfer!

Dennoch ging mir das Schlagende Herz der Wüste nicht aus dem Kopf, das meinen Namen rief und mich einlud, es irgendwo mitten in den Dünen zu treffen. Ich saß eine Zeit lang da und beobachtete die Wellen.

Nach einer Viertelstunde kam mein guter Freund Amir, schon im Neoprenanzug und mit dem Board unter dem Arm, und wollte ins Wasser.

»Kommst du, Sergio?«

»Heute nicht.«

»Ist etwas passiert?« Er setzte sich neben mich.

»Nein«, sagte ich. »Nur, irgendetwas in meinem Inneren ist stärker als mein Wille, diese wunderbaren Wellen zu reiten, und es sagt mir, dass ich in die Wüste gehen und herausfinden muss, was mir dieser immer wiederkehrende Traum zu sagen hat. Ich muss es mit eigenen Augen sehen, verstehst du? Ich muss es wenigstens versuchen.«

Amir lächelte.

»Du bist noch verrückter, als ich dachte!«, sagte er. »Geh nur, mein Seelenfreund. Du kannst jederzeit zurückkommen, wenn du gefunden hast, wonach dein Herz sich sehnt – und ich weiß, dass du es finden und wiederkommen wirst. Die Wellen werden nicht verschwinden!«

Er nahm sein Brett, stand auf. Kurz bevor er in die Wellen tauchte, drehte er sich noch einmal zu mir um und rief:

»Geh nach Marrakesch! Dort findest du sicherlich jemanden, der dir sagen kann, wie du die Berber treffen und vielleicht sogar das Schlagende Herz der Wüste finden kannst.«

Das war das Letzte, was ich von Amir hörte, während er auf die smaragdgrünen Brecher zupaddelte.

Marrakesch. Könnte ich dort meine körperliche und spirituelle Reise durch den heißen Wüstensand der Sahara beginnen? Würde ich dort den Weg zum Schlagenden Herz der Wüste finden?

Dass es bereits auf mich wartete, wusste ich nicht.

VIII

Marokko ist ein Land extremer Gegensätze. An den Küstenregionen gibt es Wind und viel Sonne, manchmal regnet es auch, und wogende Wiesen mit leuchtend grünem Gras erstrecken sich bis zum Horizont. Eingekeilt zwischen dem Meer und den ewig schneebedeckten Gipfeln des Hohen Atlas, waren Großstädte gewachsen, die vor Jahrhunderten lediglich kleine, von Mauern umfriedete Ortschaften gewesen waren, durch die sich ein Fluss wand. Dennoch war ich fasziniert, als ich zum ersten Mal aus der Stadt hinausfuhr und die knochentrockene Wüste vor Augen hatte. Mir war, als würde ich die Welt der Menschen verlassen und in ein Land des Nichts kommen. Die kühlen Temperaturen stiegen unvermittelt an – die sengende Sahara-Sonne kann die Luft bis auf fünfzig Grad Celsius erwärmen. Doch in der Nacht fällt das Thermometer drastisch auf Minusgrade ab. Meilenweit Leere, nur durchbrochen von einer Sanddüne oder einem Bergstock hier und da. Der rotbraune Sand verändert je nach Tageszeit die Farbe und verursacht allenthalben Fata Morganen. Frisches Wasser findet man nur an natürlichen Quellen oder in den Brunnen und kleinen Bächen einer Oase, die der unendlichen Wüste ein wenig Leben einhauchen.

Ich stellte fest, dass das beste Mittel, Marokko zu bereisen, noch immer die alte Eisenbahn war, die die meisten größeren Städte miteinander verbindet – ein Andenken an die Zeit, als Marokko französisches Protektorat war. Doch fast wie durch ein Wunder funktioniert das Eisenbahnsystem immer noch. Die Züge sind jedoch langsam und schaffen selbst auf den schnellsten Trassen nur vierzig Stundenkilometer. Und wie gesagt, der Zug hält immer, wenn für die Muslime Gebetszeit ist, also fünfmal am Tag.

Obwohl die Entfernung von Agadir nach Marrakesch nur knapp zweihundertfünfzig Kilometer beträgt, brauchte ich fast zwei Tage, um mein Ziel zu erreichen. Denn der Zug fuhr erst in den Norden nach Meknes und Fès, ehe er in Marrakesch hielt.

Marrakesch ist eine der größten Städte und ein bedeutendes Handelszentrum im Südwesten des Königreichs. Sie liegt direkt nördlich der Ausläufer des Hohen Atlas, eines schroffen Gebirgszuges. Hat man diesen überquert, findet man sich plötzlich inmitten der Wüste in einer prächtigen Stadt wieder.

Marrakesch ist die wichtigste der ehemaligen vier sogenannten Königsstädte. In vor- und frühgeschichtlicher Zeit war der Ort Etappenstation und Lagerplatz für die Karawanen der Berber, bis um das Jahr 1070 die Stadt gegründet wurde.

Die Berberdynastie der Almoraviden ließ im zwölften Jahrhundert viele Medresen – so heißen die Koranschulen – und Moscheen bauen, die andalusisch anmuten. Wegen der roten Stadtmauern und anderen Bauten, die während dieser Zeit aus rotem Sandstein errichtet wurden, wird Marrakesch auch »Die rote Stadt« oder »Ockerstadt« genannt.

Wie viele marokkanische Städte hat auch Marrakesch eine ummauerte Altstadt mit Suks voller Marktständen und Händlern, genannt Medina, die an Wohnviertel grenzt. Es ist eine der geschäftigsten Städte Afrikas, ein wichtiger Wirtschaftsstandort und eine Touristenattraktion.

Die Stadt ist faszinierend, aber ich kam mit einer Mission, die zu erfüllen mir mein Herz geboten hatte. Doch kaum war ich durch das Stadttor getreten, wusste ich nicht, wo ich mit meiner Suche nach dem Schlagenden Herz der Wüste beginnen sollte, von dem ich jede Nacht geträumt hatte, seit es sich mir an der Küste von Agadir zum ersten Mal offenbart hatte. Ich ging in die Medina oder Kasbah, ein Labyrinth aus Gassen und Durchgängen, umgeben von den ältesten Häusern der Stadt. Betörende Gewürzdüfte mischten sich hier mit Weihrauch. In den dunklen Ladenlokalen der Gassen wurden die berühmten Berberteppiche und viele andere Dinge feilgeboten.

Ich fühlte mich verloren. Was tun? Wo sollte ich jemanden finden, der mir die gewünschten Informationen geben könnte? Da hörte ich die Stimme wieder.

»Sergio! Sergio!«

Dieselbe Stimme rief mich, diesmal aber nicht im Traum, sondern während ich hellwach war! Ich blieb stehen und sah mich um, versuchte herauszufinden, was die Stimme mir sagen wollte. Dann sah ich es. Direkt vor mir in einem düsteren Laden voller schöner, handgeknüpfter Teppiche stand der Besitzer und blickte mich neugierig an, ein Mann, der genauso gekleidet war wie das blaue Volk der Wüste, von dem Amir mir erzählt hatte.

Endlich hatte ich die erste Station erreicht, von der aus ich zu einer Reise der Selbstfindung aufbrechen würde, die ich mir nie hätte vorstellen können.

IX

Sein Name war Amazzal, und wie alle Berbernamen hatte auch dieser eine Bedeutung: der Geweihte, der Getreue, vor allem aber »der Abgesandte«.

»Suchen Sie einen speziellen Teppich?«, fragte er mich.

»Nein, ich suche das Schlagende Herz der Wüste.«

Überrascht sah er mich aus seinen blauen Augen an. »Dann haben Sie die Stimme gehört!«

»Ja«, sagte ich.

»Gesegnet seien diejenigen, die den Ruf hören, die sich auf eine Reise und eine Suche machen, die nur wenige Menschen je unternehmen würden. Kommen Sie!«

Ich folgte ihm in die Außenbezirke der Altstadt. Vor einem kleinen, alten Haus blieben wir stehen. Er klopfte. Wir warteten ein paar Minuten, dann öffnete eine sehr alte Frau die morsche Holztür.

»Was willst du, Amazzal?«, fragte sie.

Amazzal trat zu ihr und sagte etwas, das ich nicht verstand. Doch ich sah, dass die Frau über Amazzals Anliegen erstaunt war.

Er wandte sich an mich: »Kommen Sie, gehen wir rein.«

Es war mir nicht gerade angenehm, das Haus einer fremden Person in einer fremden Stadt zu betreten. Aber das Leben hatte mich gelehrt, dass die wichtigsten Momente, die man erlebt, die Folge einfacher Entscheidungen sind, für die man nur den Mut aufbringen muss, die Angst vor dem Unbekannten zu überwinden. Erst dann entdeckt man Welten, die so fern scheinen und einem doch zu Herzen gehen, wenn man bereit ist, die Gelegenheit zu ergreifen.

Im Haus bat die Frau uns, auf einem hübschen Teppich Platz zu nehmen, und verschwand.

»Sie macht Tee für uns«, sagte Amazzal.

»Danke.«

Während wir warteten, sah ich mich im Raum um. Außer dem Teppich, einem kleinen Tisch und ein paar Kissen war das Zimmer fast leer. Es gab keine weiteren Gegenstände oder Besitztümer.

Amazzal durchschaute, was ich da tat.

»Es gibt ein altes Sprichwort bei den Tuareg«, sagte er.

»Und wie lautet es?«

»›Ihr aus dem Westen habt Uhren – wir haben Zeit.‹ Wir betrachten die Welt ganz anders als ihr«, fuhr er fort. »Uns liegt nichts an materiellem Besitz. Als die alten Tuareg-Karawanen noch durch den Wüstensand wanderten, reisten sie mit leichtem Gepäck, nur mit dem, was nötig war, um ihr Endziel zu erreichen: Timbuktu.«

»Was ist aus den Karawanen geworden?«, fragte ich.

»Es gibt sie noch immer«, antwortete Amazzal, »allerdings nicht mehr so viele wie früher. Die Zeiten, in denen sie von Marokko nach Mali zogen, sind längst vorbei.«

»Warum?«

»Wegen dem, was ihr aus dem Westen Fortschritt nennt. Erst haben sie Eisenbahnen gebaut, dann Straßen. Pferde und Kamele waren gegenüber der Eisenbahn und dem Lastwagen nicht mehr konkurrenzfähig als Transportmittel für Ziegen und Salz aus den Wüstenminen. Heutzutage wandern die Karawanen nur mehr in Gebieten, wo es noch keine Straßen gibt.« Er sah mir in die Augen. »Und trotzdem – weißt du, was für uns Berber das Verwunderlichste ist?«

»Nein. Was?«

»Trotz allen Fortschritts, trotz Straßen, Zügen, Autos und aller Art technischen Geräten, die ihr erfunden habt, um euer Leben leichter zu machen, benutzt ihr immer noch Uhren. Ihr lasst euch von der Arbeit versklaven, die euch die besten Jahre raubt. Ihr geht nicht mehr zu Fuß, ihr seid immer in Eile, euer Leben wird immer komplizierter – aber wir, wir haben noch immer Zeit!«

Die alte Dame kam mit kleinen Tassen und einer dampfenden Kanne wieder. Sie goss heißen Tee ein und reichte ihn uns. Es ist Tradition, dass man grundsätzlich alles mit der rechten Hand hält und auch die rechte Hand zum Gruß reicht.

Der Tee schmeckte köstlich und süß. Wir sprachen nicht. Es war so entspannend, einfach nur zu schmecken, zu riechen und die heiße Teetasse zu berühren, mit der man mich willkommen geheißen hatte.

Nachdem ich den wunderbaren Tee bis auf den letzten Tropfen ausgetrunken hatte, sah ich meinen neuen Freund an.

»Amazzal?«

»Ja, mein Freund?«

»Ich möchte dir danken, dass du mich an diesen Ort geführt hast, wo ich hoffentlich Antworten auf das bekommen werde, was ich suche.«

»Liebe bewegt die Welt«, sagte er, »und im Grunde suchst du Worte der Liebe. Als du mich angesprochen hast, wusste ich, dass du es vollkommen ernst meinst. Du suchst nicht das, was die meisten Touristen sehen wollen – du suchst Selbsterkenntnis, die Weisheit deines Herzens. Und all dem hat Khalil, der Mann mit dem Schlagenden Herz der Wüste, sein Leben verschrieben, jetzt, da die Karawanen verschwunden und durch Züge und Lkws ersetzt worden sind. Nicht viele Menschen begreifen, dass man alle Antworten auf das Leben in den schlichtesten Dingen findet.«

»Khalil?«

»Ja, das ist der bürgerliche Name des spirituellen Wesens, das du suchst.«

»Danke, Amazzal. Meinst du, du kannst mir helfen?«

»Ansonsten hätte ich dich nicht hierhergebracht. Als die Karawanen aufhörten, durchs Land zu ziehen, hat sich unser Bruder Khalil in eine abgelegene Wüstenoase nicht weit von hier zurückgezogen, wo er sein restliches Leben verbringen will. Nur wenige wissen, wie man dorthin gelangt. Heute nun habe ich dich in dieses Häuschen mitgenommen, und, ob du es glaubst oder nicht, die alte Dame ist die Hüterin des Geheimnisses. Sie weiß, wo das Schlagende Herz der Wüste lebt.«

Er richtete seinen Blick in weite Ferne und fragte: »Bist du bereit, dein Leben aufs Spiel zu setzen, eins zu werden mit dem Sand und der Wüste, um dieses Herz zu finden, das du suchst?«

Ich lächelte und sagte: »Ich glaube, die Antwort kennst du besser als ich selbst, Amazzal. Mein ganzes Leben war eine Reise voller Risiken, auf der ich immer Umwege gemacht habe, weil ich wusste, dass ich so die Welt und mich selbst besser verstehen würde. Aber ich war mir der Gefahren, die dies mit sich brachte, immer vollauf bewusst. Manchmal frage ich mich, wie es sein kann, dass ich bislang nicht gestorben, sondern noch am Leben bin. Ich glaube, ich habe immer noch eine Bestimmung in dieser Welt.«

»Sehr schön!«, sagte er. »Dann lass uns anfangen.«

Amazzal sah die ältere Frau an. Diese lächelte und humpelte zu einem Bücherstapel in der Ecke. Sie nahm ein Buch, schlug es auf und zog einen sehr alten Zettel heraus, der aussah wie eine handgemalte Landkarte. Vorsichtig reichte sie Amazzal das Blatt. Dann wandte sie sich mir zu, gab mir zärtlich einen Kuss, während sie mit ihren alten Händen mein Gesicht streichelte, und sagte:

»Halte Ausschau nach Liebe.«

Sie nahm die Teetassen und die Kanne und verließ das Zimmer.

Amazzal faltete das vergilbte Blatt vorsichtig auf und legte es behutsam auf den Boden.

»Diese Karte wird dich an dein Ziel führen, mein Freund«, sagte er.

Vor mir lag die Karte mit einigen Bleistiftmarkierungen. Unweit von Marrakesch war ein kleines Kreuz eingezeichnet.

»Ist das der Ort?«, fragte ich.

»Ja. Dort wirst du das Schlagende Herz der Wüste finden. Obwohl viele kleine Wüstenoasen mittlerweile Touristenfallen geworden sind, die über schicke Hotelanlagen verfügen und jeglichen Komfort der heutigen Zeit bieten, hat Khalil zum Glück eine sehr kleine, abgeschiedene Oase gefunden, die noch nicht in den Reiseführern auftaucht. Dort will er nun den Rest seines Lebens verbringen.«

»Woher weißt du das alles?«, fragte ich ihn.

»Ob du es glaubst oder nicht – die alte Dame, die uns Tee angeboten hat, ist Khalils Mutter. Sie heißt Tamara. Aber sie will anonym bleiben, die Frau, der man einmal gesagt hatte, dass ihr Sohn nicht lange genug leben würde, um zu einem Mann heranzuwachsen. Und doch kam er mit sechzehn Jahren mit einem eigenen Pferd und einem Kamel, das er unterwegs gekauft hatte, zu seiner geliebten Mutter, um ihr Lebwohl zu sagen. Sein leiblicher Vater war damals schon verstorben. Khalil blieb eine Zeit lang bei seiner Mutter, dann wurde er wieder eins mit dem Wüstensand, und nun lebt er in einer ganz kleinen, aber wunderschönen Oase, die sich von Quellwasser nährt. Bis zu dieser Oase ist es zwar nur ein zweitägiger Kamelritt, aber sie scheint Millionen von Kilometern von allem entfernt zu sein. Ich kenne einen Mann, der dich für eine kleine Summe nah an dein Ziel bringen wird. Der Rest ist dann deine Sache, mein Freund. Aber eines kann ich dir versichern: Wenn du dein Ziel erreichst, werden dir die Erinnerungen an das, was du dort siehst und hörst, und die Erfahrungen daraus ein Leben lang erhalten bleiben.«

Ich war so getrieben, dass ich die dümmste Frage stellte, die mir einfiel:

»Ginge es denn nicht wesentlich schneller, wenn ich ein Pferd nähme?«

Amazzal lächelte.

»Ihr aus dem Westen müsst noch immer viel von der Wüste lernen. Ein Pferd würde keinen Tag lang durchhalten, wenn du nicht weißt, wo du anhalten und rasten musst. Denk immer daran: Die Wüste kann deine beste Freundin oder aber deine schlimmste Feindin sein. Du erreichst dein Ziel nur, wenn du mit den Wüstenwinden und mit der Sonne ziehst. Wenn du ungeduldig bist, kommst du wahrscheinlich nie an – und auch nicht mehr zurück. Keiner wird nach dir suchen, da kannst du sicher sein. Ach, und noch eine letzte Sache ...«, sagte er.

»Ja, Amazzal?«

»Bevor du zurückkommst, musst du den Zettel verbrennen, den Tamara dir gegeben hat. Du wirst den richtigen Zeitpunkt dafür erkennen.«

»Ja«, sagte ich, »das mache ich.«

X

Es war fast schon dunkel, als ich und mein Berber-Guide Saddam die Kamele bestiegen. Die Gluthitze war zurückgegangen, und nachts zu reiten war die beste Möglichkeit, Flüssigkeit zu sparen und ein wenig angenehmer zu reisen – vorausgesetzt, man kannte das Gebiet. Zum Glück hatte ich Saddam!

Er band die beiden Kamele mit einem langen Seil aneinander, damit sie nicht in verschiedene Richtungen gingen. Saddam ritt an der Spitze und führte mich auf meinem Kamel durch die Dünen. Wenn ich nun daran zurückdenke, schien – wenigstens mir, einem aus dem Westen – diese Landschaft nicht von dieser Welt zu sein.

Wir ritten vielleicht drei, vier Stunden, dann fand Saddam einen geeigneten Lagerplatz und schlug vor, den Rest der Nacht hier zu verbringen. Die Temperatur war nun um fast vierzig Grad gefallen, es war fürchterlich kalt. Saddam machte ein kleines Feuer, kochte heißen Tee und zog ein paar dünne Baumwolldecken aus dem Packsack, den sein Kamel trug. Auch Trockenfrüchte und Nüsse nahm er heraus.

»Willkommen in der Wüste«, sagte er.

In der Ferne waren die Lichter von Marrakesch verschwunden, sodass die Nacht nur noch von Millionen Sternen am Firmament und von Saddams kleinem Lagerfeuer erhellt wurde.

»Du kannst herumlaufen«, sagte er. »Aber gehe nicht zu weit vom Lager weg. Die Wüste ist tückisch, sie verzeiht keinem, wenn er ihr keinen Respekt entgegenbringt. Du kannst sehr leicht die Orientierung verlieren.«

Ich entfernte mich etwa dreihundert Meter von den Kamelen, die dann plötzlich hinter einer hohen Düne verschwanden. Ich war ganz allein im Land des Schlagenden Herzens der Wüste.

Nacht. Nur das ferne Funkeln des Lagerfeuers erhellte die stockfinstere Wüste. Doch schon wenn man sich hundert Meter von den Zelten entfernte und die Dünen überquerte, die das Lager umgaben, verwandelte sich der Himmel in ein faszinierendes Spektrum aus Sternen und Sternbildern in allen Farben. Sternschnuppen schossen aus allen erdenklichen Richtungen über den Himmel. *Gott, ich bin so fern von den Menschen und Dir so nah!*, dachte ich. Die eisige Kälte der Wüstennacht fühlte ich nicht mehr, da ich mich in ein spirituelles Wesen verwandelte, das in einem Leib wohnte, der keine Kälte und keinen Schmerz verspürte – nichts. Es war ein Augenblick der Erkenntnis, in dem ich die Welt sah, wie sie wirklich ist. Nur die Wahrheit stand vor mir, nackt, still, und beobachtete diesen Menschen, der es gewagt hatte, die Angst vor dem Unbekannten zu überwinden und mit der wilden Natur um ihn herum zu verschmelzen. Worte hatten keine Bedeutung mehr, denn die Vollkommenheit der Schöpfung umgab mich von allen Seiten.

Ich saß im kalten Sand und lauschte dem leisen Wind, der durch die Wüste strich. Ich wusste, in meiner Einsamkeit gab es keine Frage, die man stellen, keine Antwort, die man bekommen konnte. Mein Kopf war ganz frei von materiellen Gedanken, mein Geist übernahm die Führung. Ich konnte mich kaum an all die Probleme erinnern, die auf mir lasten, wenn ich in einer Stadt voller Trubel lebe. Alles war nur ein Traum. Eine Fata Morgana. Wie blind ich war! Probleme, die mir in der Stadt manchmal den Verstand zu rauben drohten, bedeuteten hier in dieser Leere nichts. Kein Bauwerk von Menschenhand, keine Spur der Zivilisation war Teil dessen, was ich sah und spürte: totale Ruhe, die wirkliche Welt, deren Energie und Schönheit die Menschen noch nicht zerstört hatten. Ich fühlte mich gesegnet, diese unglaubliche Einsamkeit erleben zu dürfen. Ich war vollkommen entspannt – als gäbe es meinen Körper gar nicht; nur das Schlagen meines Herzens flüsterte die Freude hinaus, die mich erfüllte, den Seelenfrieden, die Gewissheit, dass es richtig war, einfach nur am Leben zu sein.

XI

Am nächsten Tag weckte Saddam mich in aller Frühe. Die Sonne ging gerade über dem Horizont auf. Er hatte schon alles gepackt, die Kamele waren bereit. Ich bekam von ihm Wasser und Nüsse, und schon saßen wir wieder auf den Kamelen. Saddam ritt vorn.

Nach vier, fünf Stunden wurde die Hitze unerträglich. Es war Mittagszeit, und Saddam sagte, die Kamele müssten eine Weile ausruhen. Darüber war ich überglücklich, war ich doch derjenige, der sich am meisten ausruhen musste! Um sich an das Reiten auf einem Kamel zu gewöhnen, muss man schon in diesem Teil der Welt geboren sein. Mir, dem Fremden, raubte es wirklich alle Kraft.

Saddam fütterte und tränkte die Kamele. Für uns gab es Tee. Vollständig eingehüllt in mein blaues Gewand – nur die Augen waren zu sehen –, nahm ich das süße Lebenselixier entgegen und trank es langsam und in kleinen Schlucken, wie Saddam mir geraten hatte.

Er war ein sehr stiller Mensch, und ich fand, das sollte auch so bleiben.

Nach einer halben Stunde Rast kam eine leichte Brise auf. Das war so erfrischend! Ich spürte, wie die Luft abkühlte und es mir wieder besser ging.

Doch binnen weniger Minuten war die Temperatur drastisch gefallen, der Wind stärker geworden.

»Hörst du das, Saddam?«

Der Berber bedeckte seinen Kopf zur Gänze mit dem blauen Schleier, nur seine blauen Augen starrten in die leere Wüste wie auf einen Geist. Plötzlich stand er auf und blickte nach Osten. Er wurde auf einmal ganz blass.

»Ein Sandsturm kommt auf uns zu«, sagte er. »Schnell! Wir haben nur wenig Zeit, uns darauf vorzubereiten.«

»Sollen wir das Zelt aufschlagen?«, fragte ich.

»Nein, kein Zelt. Tu genau das, was ich sage.« Er war nun wirklich besorgt, dennoch wusste er genau, was er tat. »Hol schnell dein Kamel!«

Ich rannte zu dem Tier und führte es zu seinem Kamel. Das sture Vieh war schwer zu halten, als wüsste es nur zu gut, was nun passieren würde.

Saddam beugte die Knie seines Kamels und zwang es, sich in den Sand zu legen. Ich tat das

Gleiche bei meinem Tier. Im Nu lagen die beiden nebeneinander und berührten sich.

Saddam eilte zum Zelt, riss es weg und bedeckte uns und die Tiere damit. Dann zog er mich neben sich und drückte uns beide hinter den Kamelen auf den Boden, mit dem Gesicht nach Westen. Das Tosen des Sturmes wurde lauter und lauter, die Sonne verschwand. Es war, als würde es mitten am Tag Nacht werden.

»Was auch immer passiert«, sagte Saddam, »halte dich an mir und den Kamelen fest. Lass auf jeden Fall deine Augen zu, und rede nicht. Bedecke deinen Kopf ganz mit deinem Tuch. Noch mal: unbedingt die Augen zulassen!«

Ich tat genau das, was Saddam gesagt hatte. Ich bedeckte meinen ganzen Körper und hielt mich an dem Seil fest, mit dem Saddam die Tiere und uns beide zusammengebunden hatte. Saddam zog das Zelt fest um uns und die Kamele.

Die Böen wurden immer heftiger, das Brausen war ohrenbetäubend. Als hätte sich die gesamte Wüste in eine riesige Sandwolke verwandelt, die mit Karacho vorüberzog. Ich spürte die Sandkörner durch das Zelt und durch meine Kleider dringen wie kleine, qualvoll spitze Nadeln. Ich wollte die Augen aufschlagen, aufstehen, wegrennen – aber wohin? Also hielt ich mich, so fest ich konnte, an Saddam und den Tieren fest. Obwohl ich vollständig von dem Zelt und von meinen Kleidern bedeckt war, spürte ich, wie der Sand mir in Nase, Ohren, Kehle und in den ganzen Körper drang. Ich war erschöpft und hatte Angst – dann trat ich weg …

Am nächsten Morgen wachte ich mit den ersten Sonnenstrahlen auf.

Ich streckte mich. Der Sandsturm war vorbeigezogen, und ich war ganz mit Sand bedeckt. Ich stand auf und schüttelte ihn ab. Und dann sah ich …, dass ich ganz allein war!

Saddam und sein Kamel waren verschwunden. Nur mein Tier, das blaue Tuch und die kleine Tasche waren noch da, in der ich Essen und Wasser und die kleine Karte verstaut hatte, die ich in Marrakesch bekommen hatte. Egal, wohin ich blickte, ich sah nichts als Sanddünen. Der kühle Morgen wurde wärmer. Sofort schlang ich das blaue Gewand um mich, das ich in Marrakesch gekauft hatte, und ließ nur die Augen frei.

Ich wusste, dass ich nicht weit von meinem Ziel entfernt war. Aber wenn ich mich in der Wüste verirrte, hätte ich nicht genügend Proviant, um nach Marrakesch zurückzukommen. Es war einer dieser Momente im Leben, in denen man eine kritische Entscheidung treffen muss, die auf Leben oder Tod hinausläuft.

Ich setzte mich und dachte in aller Ruhe nach. Ich hatte die Landkarte und die gleißende Sonne, die mir die Himmelsrichtung wies, und ich hatte ein Kamel, das mich lauernd anstarrte. Ich hatte meine Sicherheitszone verlassen, stand mitten im Nichts. Und da erinnerte ich mich an die Worte eines sehr weisen Mannes:

»Wir Katholiken glauben an ein Leben nach dem Tod. Wenn wir ein gutes Leben hatten, kommen wir an einen besseren Ort und treffen dort all jene wieder, die diese Welt bereits verlassen haben. Warum also sollte man Angst vor dem Tod haben?«

Unglaublich, wie Dinge, die man vor langer Zeit erfahren oder gehört hat, einem wieder in den Sinn kommen, wenn Herz und Geist verschiedener Ansicht sind. Wovor hatte ich Angst? Zu sterben?

Warum?

Nachdem ich mich tief in meinem Inneren damit abgefunden hatte, dass ich mein Leben verlieren könnte, wenn ich meinem Traum folgte, wurde ich augenblicklich ruhiger. Wenn ich starb, könnte ich meine Mutter wiedersehen, diesen phantastischen Menschen, den ich schon so lange vermisste, meine Mutter, die mir Flügel geschenkt hatte, um frei zu sein und meine Ziele zu erreichen. Ich trank einen Schluck Wasser, bepackte das Kamel mit meinen Sachen und stieg in den Sattel. Ich faltete die Karte auf, blickte in die Sonne und versprach mir selbst, meinem Gespür zu folgen und das Ziel zu erreichen, das ich mir gesetzt hatte.

~

Es gab keinen Weg zurück. Stundenlang ritt ich durch die Wüste, nachdem ich den vielen Sand weitgehend von meinem schmerzenden Leib geschüttelt hatte. Um mich herum war nichts Lebendiges, es gab nur mein Kamel und mich. Mitunter ging ich zu Fuß und entlastete das Tier auf diese Weise vom Gewicht meines Körpers. Ich musste mich mit meinem Gewand vollständig vor der heißen Sonne schützen, ansonsten wäre ich nach wenigen Stunden gefährlich dehydriert. Nur meine Augen führten mich.

»Wenn du tagsüber in der Wüste müde wirst, mach langsamer, aber schlafe auf keinen Fall ein. Das könnte dein Tod sein«, hatte Saddam gesagt.

Ich ging immer weiter. Nach einer Weile leitete mich nur mein Gespür, und ich lief die Dünen rauf und runter. Überall sah ich Wasserseen, die sich in der Luft spiegelten. »Du brauchst zwei Tage dorthin«, hatte Amazzal gesagt. Zum Glück neigte sich der zweite Tag langsam seinem Ende. Ich war völlig fertig. Trotz der Karte richtete ich mich nur nach der Sonne. Auf der Karte war ein Pfeil eingezeichnet, der nach Norden wies, und ich wusste, dass die Sonne im Osten auf- und im

Westen unterging. Als es jedoch Nacht wurde, war ich ohne Saddam vollkommen aufgeschmissen. Ich suchte den Großen Wagen am Himmel, aber da waren Myriaden glitzernder Sterne. Ich war müde, obwohl ich fast fünfzehn Stunden geschlafen hatte, und mein Kopf fing an, mir Streiche zu spielen. Ich wusste, dass ich rasten musste, und so tat ich, was Saddam gesagt hatte: Ich machte ein Feuer, trank Wasser, aß trockenen Couscous und wickelte mich, vollständig erschöpft, so ein, wie Saddam es mir gezeigt hatte. Außerdem band ich diesmal das Seil von meinem Kamel an mein Bein.

Denn ohne Kamel wäre ich hoffnungslos verloren.

Schlaftrunken schlug ich die Augen auf – und hätte fast geschrien. Mein Kamel starrte mich an, seine eigentümliche Nase berührte mich fast! Ich sprang auf und packte alles zusammen, damit wir weitergehen konnten. Dann marschierte ich los und führte meinen treuen Gefährten am Seil.

Ich hatte auf die Karte geschaut und war sicher, dass ich in die richtige Richtung ging, aber die unbarmherzige Hitze ließ mich manchmal Dinge sehen, die es gar nicht gab. Ich bekam zwar langsam Angst, wusste aber, dass es kein Zurück gab.

Würde ich versuchen, nach Marrakesch zurückzukehren, wäre das mein sicherer Tod.

Es war einer dieser Momente im Leben, in dem man eine Entscheidung getroffen hatte und dennoch zauderte. Ich musste jetzt einfach durchhalten, immer weitergehen und dem Rat folgen, den mir ein weiser Mann vor langer Zeit gegeben und der mir geholfen hatte, die schwierigsten Situationen durchzustehen: »Nicht eine Monsterwelle wird dich töten, auch kein wildes Tier oder das Wasser, das dir fehlt, wenn du es am dringendsten brauchst – die Angst wird dich töten. Denn dann kannst du nicht mehr denken, dein Verstand verschließt sich, und der Tod ist dir sicher. Also: keine Panik, auch nicht in den kritischsten Situationen. Denke nach und finde dich mit deiner Lage ab.«

Ich mühte mich weiterzugehen, obwohl ich mich inzwischen sehr schwach fühlte. Und egal, wie viel Wasser ich trank, ich hatte immer nur Durst. Mein Geist war an diese Weite und diese heiße Sonne nicht gewöhnt. Ich sah nichts, was auch nur annähernd einer Oase glich, obwohl ich laut Karte nicht weit von dem Ort entfernt war, den ich suchte – etwa eine Stunde zu Fuß. Wieder wurde es dunkel. Ich konnte nicht mehr, jede Faser meines Körpers schmerzte, mir war eiskalt. Ich hatte gerade noch die Kraft, mich an mein Kamel zu schmiegen und mich an seinem Körper zu wärmen. Das Tier ließ es zu, als würde es spüren, welche Qualen ich durchlitt. In null Komma nichts war ich eingeschlafen.

Ich hatte langsam keine Hoffnung mehr.

In der Nacht weckte mich ein Summen. Ich versuchte zuerst, das Insekt zu verjagen, das dieses irritierende Geräusch machte, konnte es aber nicht sehen. Es war vergebens. Also setzte ich mich auf. Der Himmel hatte sich mit zigtausend Sternen geschmückt. Wahnsinn! Ich hatte schon Himmelskarten und Fotos gesehen, die mit riesigen Teleskopen aufgenommen waren, aber wenn man das alles mit eigenen Augen sieht, ist es etwas ganz anderes. Komisch!, dachte ich, der Tod schien eine echte Option zu sein, dennoch war ich ganz ruhig. Ein Tod in der Weite des Nichts unter einem Firmament, das ich nie zuvor so gesehen hatte, fühlte sich ganz natürlich an. Ich lächelte.

Und da sah ich es.

Obwohl es klitzeklein war, konnte ich auf meiner Handfläche ein smaragdgrünes Insekt ausmachen, das mich gelassen ansah und in der Nacht leuchtete.

»Warst du etwa der kleine Teufel, der mich nicht hat schlafen lassen?«

Als ich mich reden hörte, musste ich lachen. Mitten in der Sahara mit dem Tod im Nacken sprach ich mit einem winzigen Tierchen!

»Sergio! Sergio!«

Es war dieselbe Stimme, die ich in meinen Träumen gehört hatte. In diesem Augenblick flog der kleine Sechsfüßer auf und umrundete mich, als wolle er mir etwas sagen.

»Was ist denn, Kleiner?«

Und auf einmal begriff ich: Er wollte, dass ich ihm folgte.

Sollte ich es tun?

Ich überdachte meine Möglichkeiten.

Ich hatte keine.

»Sergio! Sergio!«

Lächelnd stand ich auf, bestieg mein treues Kamel und folgte, ohne nachzudenken, dem kleinen, grün leuchtenden Licht. Ohne Karte, ohne Lampe. Nichts. Ich vertraute nur meinem Herzen, komme, was da wolle.

Es mag absurd klingen, nachts ohne jegliche Sicht durch die Wüste zu reiten, nur geführt von einem funkelnden grünen Insekt. Dennoch tat ich genau das. Manchmal flog das Tierchen schneller, als mein Kamel gehen konnte, aber es kam immer wieder zurück, um uns den Weg zu zeigen. Wer das liest, würde nun sagen, dass ich alles erfunden habe, aber das habe ich nicht. Es ist wirklich passiert. Sollen die einen es ein Märchen nennen und die anderen die Angst vor dem Unbekannten – für mich ist es das, was das Leben ausmacht.

Jedenfalls wanderten wir zwei, drei Stunden so weiter. Ich war mir meiner Entscheidung, diesem unbekannten Wesen zu folgen, sicher, trotzdem spürte ich körperlich die Auswirkungen der für mich ungewohnten Umgebung. Die heißen Tage, die eisigen Nächte, die brennende Sonne, die vielen Sterne – alles schien meinen Körper zur Aufgabe zu zwingen. Und doch machte es auf mich den Eindruck – vielleicht war es aber nur Einbildung –, als würde unser kleiner grüner Guide mit jedem Schritt heller leuchten. Trotz allem kam mein geschundener Körper an seine Grenzen, und wenn nicht bald etwas geschah, würde er aufgeben, egal, wie stark mein Herzenswunsch auch wäre.

In der Morgendämmerung des vierten Tages meiner Wanderung durch die Wüste meinte ich, ein paar Palmenwipfel in der Ferne zu sehen. Ich hatte in der Nacht alles versucht, um meine Augen offen zu halten, aber nun wollten sie mir einfach nur zufallen und sich vor dem Sand und dem hellen Licht schützen.

Ein letztes Mal nahm ich all meine Kräfte zusammen und riss die Augen auf. Vor mir schien eine Oase zu liegen, und ich sah, wie jemand auf einem Kamel auf mich zugeritten kam. Dann erinnere ich mich an nichts mehr. Alles wurde schwarz. Ich verlor das Bewusstsein und fiel von meinem loyalen Kamel.

XII

Als ich die Augen wieder aufschlug, dachte ich zuerst, ich träumte oder wäre vielleicht tot. Aber ich lebte.

Ich lag in einem kühlen, bequemen weißen Zelt, gebettet auf einfache, aber weiche Decken und mit einem kleinen Kissen unter dem Kopf. Wo war ich?

Neben meinem »Bett« stand ein Glas Wasser. Ich trank es aus. Es schmeckte wundervoll, wie Quellwasser. Auf einem Tellerchen lagen Trockenfrüchte und Datteln. Ich hatte zwar großen Hunger, aß aber ganz langsam. Es schmeckte köstlich!

Kühle Luft strömte durch eine halb offene Klappe ins Zelt. Mein Körper brannte und schmerzte zwar noch immer, aber ich fühlte mich schon sehr viel wohler. Das Leben kribbelte wieder in meinen Gliedern und unter der Haut. Wie lange hatte ich geschlafen? Ich hatte keinen blassen Schimmer! Die blauen Kleider, die ich auf meiner beschwerlichen Wanderung durch die Sahara getragen hatte, waren nun sauber und dufteten wie Blumen.

Irgendwann stand ich auf. Ich hörte Wasser plätschern – vielleicht ein Bach. Neugierig schlug ich die Klappe zurück und blickte hinaus.

Sollte es ein Shangri-La auf Erden geben, so war es hier – näher würde ich dem Paradies wahrscheinlich nie mehr kommen. Ich stand mitten in einer prächtigen, saftig grünen Oase, von allen Seiten umgeben von Sandbergen. Hohe Palmen, allerlei Farne und exotische Bäume säumten einen kristallklaren Teich. In den Bäumen zwitscherten Vögel, Schmetterlinge in allen Farben und Größen tanzten durch die Lüfte. Ich freute mich an den kleinen Eidechsen, die keine Angst vor mir hatten, als ich vorüberging. Der Boden war mit Gras und Blumen bewachsen, als wären sie aus dem Nichts gesprossen. Aus dem Teich schlängelten sich kleine Bäche durch diese Idylle. Ich blickte in das glasklare Wasser, das allein das Wunder des Lebens an diesem kleinen paradiesischen Ort bewirkte, der verborgen im Wüstensand lag. Das Wasser war so sauber, dass man bis auf den Grund sehen konnte.

Ich fühlte mich so lebendig! Ich setzte mich auf einen Stein und dankte dem Universum, dass es mich letztendlich in den sicheren Hafen geführt hatte.

»Sergio?«

Ich wandte mich zur Seite. Neben mir stand ein

alter Mann mit einem Gehstock. Er trug ein indigofarbenes Gewand und hatte die blauesten Augen, die ich je gesehen hatte.

»Khalil?«

»Ja.«

»Du hast mir das Leben gerettet«, sagte ich.

»Nein, nein«, sagte er und schlug sein Gewand zurück, aus dem mich eine wunderschöne hellgrüne Libelle aufmerksam ansah. »Ich nicht, mein Freund. Du hast den Ruf gehört, aber Liebe hat dich gerettet.«

Ich stutzte.

War Liebe das fliegende Herz Khalils, oder war Khalil lediglich eine Erweiterung von Liebe?

~

Am Nachmittag ging ich zu den Quellen, zu diesen magischen Lebensspendern, die die dürre Wüste zu einem blühenden Paradies machten, zu einem Gemälde aus tanzenden Farben, Liedern und lebenden Wesen, auch wenn es nur ein paar hundert Quadratmeter maß.

Ich konnte mich gar nicht sattsehen an der Schönheit, die mir vor Augen stand. Kaum zu glauben, dass ich zwei Tage zuvor zum ersten Mal in meinem Leben einen Sandsturm erlebt und versucht hatte zu überleben, dass ich endlos unter einer zehrenden Sonne gewandert war, die einem nicht nur die Kraft raubt, sondern vor allem den Willen und die Entschlossenheit weiterzugehen … Der gleißende Traum verblasste mit jeder Sekunde, jeder Minute, jeder Stunde. Ich erinnerte mich an die Worte eines weisen Mannes, der mir genau das gesagt hatte, was ich nun am eigenen Leib erfahren hatte: »Die Pforten der Hölle liegen nur ein paar Schritte von der Himmelstür entfernt.«

Wie recht er hatte!, dachte ich.

Wie immer, wenn ich am Wasser bin, zog ich mich aus und tauchte in die kristallene Lagune ein. Ich spürte, wie mein Körper sich mit dieser Flüssigkeit, genannt Wasser, tränkte. Im Wasser fühle ich mich grundsätzlich zu Hause. Ich tauchte unter – der See war voll mit Fischen, kleinen Schildkröten, sogar Wasserpflanzen wuchsen dort. Auf dem sandigen Grund blubberten Dutzende Quellen und ließen klares Wasser aus der Erde aufsteigen, das das Teichwasser erneuerte und die Bewohner des Sees mit frischem Sauerstoff am Leben hielt.

Als ich wieder auftauchte, sah ich zu meiner Überraschung Khalil im Schatten einer hohen Palme am Ufer sitzen. Seltsam, dachte ich, es war mir überhaupt nicht peinlich, nackt zu sein. Alles, was mich umgab, schien in perfekter Harmonie zusammenzuleben, an diesem Ort ohne Menschen und Vorurteile, ohne Klatsch und Tratsch, ohne Regeln. Das Leben ging in vollkommenem Gleichgewicht einfach seinen eigenen Gang.

Ich stieg aus dem Wasser, Khalil warf mir ein weiches Handtuch zu. Ich trocknete mich ab und wickelte das blaue Tuch um meine Hüfte.

»Ich sehe, es geht dir schon sehr viel besser«, sagte Khalil.

Ich lächelte. Ich war nervös, weil ich wusste, dass ich am Ende meiner Reise angekommen war und meine Seele nun diesem Mann offenbaren würde, von dem ich so viel gehört hatte und doch so wenig wusste: dem Schlagenden Herz der Wüste.

XIII

Luftige Wolken lösten sich aus dem klaren Blau, das dieses kleine Paradies mitten im trockenen Wüstensand überstrahlte.

Kleine rote Vögel tranken Wasser an den Quellen. Libellen und Schmetterlinge schwebten über der Lagune und warfen tanzende kleine Schatten. Khalil saß im Schatten einer Palme auf einem Felsen und wartete auf mich. Auf seinem Finger hockte ein roter Vogel. Aus der Ferne sah es so aus, als würden die beiden miteinander sprechen – weiß Gott, worüber!

Ich ging auf Khalil zu.

Er sah mich und lächelte.

»Hallo, mein Freund.«

»Hallo, Khalil. Wie ich sehe, hast du heute einen ganz lieben Freund gefunden.«

Erstaunlicherweise saß der Vogel noch immer auf seinem Finger und blickte mich neugierig an. Ich ließ mich neben Khalil nieder. Der Vogel rührte sich nicht von der Stelle. Dann platzierte Khalil ihn sachte auf meiner Schulter, und er blieb dort sitzen.

»Er kennt keine Angst, weil er nie welche haben musste«, sagte Khalil. »Er hat den Ruf gehört, als er auf die Welt kam.«

Lustig, wie der kräftige kleine Vogel an meinem Hals pickte. Wahrscheinlich reinigte er ihn von Hautschuppen.

»Du hast hier wirklich deinen kleinen Himmel auf Erden gefunden, Khalil.«

»Das stimmt nicht ganz, Sergio«, gab er zurück. »Das hier war schon immer da, aber ich konnte es nicht sehen. Um diesen friedvollen Ort zu finden, musste ich mich erst von den vielen Lektionen frei machen, die andere mich gelehrt hatten. Ich musste den Ruf hören.«

»Den Ruf?«, fragte ich.

»Ja. Was hat dich an diesen abgeschiedenen Ort mitten im Nichts geführt, Sergio?«

»In einem Traum habe ich gehört, dass jemand meinen Namen rief. Ich habe es wiederholt gehört.«

»Dann hast du den Ruf gehört«, sagte Khalil.

Der schöne Vogel saß noch immer auf meiner Schulter und sah mich an.

»Jetzt verstehe ich genau, was du meinst, Khalil.«

»Natürlich. Ansonsten wärst du nicht hier.«

Durch das Geräusch der plätschernden Quellen, den leichten Wind, der durch das Laub der Bäume strich, und das kostbare Leuchten in Khalils Augen fühlte ich mich wie neugeboren – als würde ich einen neuen Lebensabschnitt beginnen.

Man konnte die Harmonie zwischen dieser unbeschreiblichen Seele und der Natur, die sie umgab, förmlich greifen.

»Danke, Khalil, dass du mir deine kleine grüne Freundin geschickt hast, als ich draußen im trockenen Wüstensand schon aufgeben wollte.«

»Ich habe nichts getan. Liebe hat dich gerettet. Dann ist sie zurückgekommen und hat mir von dir erzählt, wobei ich dich sowieso schon erwartet hatte.«

»Aber in meinem Traum habe ich dich rufen hören, Khalil.«

»Das war nicht ich.«

Khalil schlug vorsichtig seine Kleider vor dem Brustkorb zurück. Zum ersten Mal nun sah ich es, das Schlagende Herz der Wüste. Es war erschreckend, aber auch ein Wunder, ein Herz unter einem dünnen Häutchen schlagen zu sehen. Ein wahres Wunder des Lebens. Am meisten aber frappierte mich, dass direkt auf diesem einzigartigen Herzen ein wunderschönes grünes Insekt schlief – die Libelle, die mich in den sicheren Hafen geführt hatte.

»Liebe hat dich gerufen. Liebe hat dich gerettet – so wie sie mich einst gerettet hat vor vielen Jahren.«

»Aber sie ist so zart …«

»Und doch so stark«, sagte Khalil. »Oder hat sie dir etwa nicht das Leben gerettet?«

»Doch.«

»Hat sie dich etwa nicht gefunden und dich im Traum gerufen, während du das getan hast, was dir das Liebste ist?«

»Doch, ja«, sagte ich. »Aber erzähl mir nicht, dass diese hübsche grüne Libelle älter sein soll als ich. Libellen leben doch normalerweise nur wenige Wochen oder Monate.«

»Stimmt«, sagte Khalil, »aber Liebe ist ewig, nicht wahr, Sergio?«

Ich war sprachlos, wusste nicht, was ich darauf sagen sollte. Liebe hatte mir tatsächlich das Leben gerettet. Ich hatte die wahre Freiheit gefunden – die Freiheit, die nicht nur körperliches Leben, sondern auch Seelen rettet.

Als hätte Khalil meine Gedanken gelesen, sagte er prompt:

»Irgendwann waren wir alle Sklaven unseres eigenen Lebens. Wir wissen nicht, was und wo wir suchen müssen. Wir gewöhnen uns an die Sklaverei. Wir sagen, dieser Weg ist weit, und gehen ihn, ohne zu fragen, warum. Wir peitschen uns selbst durchs Leben, zählen die Stunden, obwohl wir tief in unserem Herzen wissen, dass nur der schmale und schwierige Pfad der Weg in die Freiheit ist, der Weg des Rufes. Dennoch ziehen wir es bei Weitem vor, im Dunkel zu leben, umgeben von Fremden und mit gebundenen Händen. Oft haben wir gehört, dass Freiheit gefährlich sein kann, also stehen wir nicht auf und wir sprengen unsere Fesseln nicht. Wir ziehen lieber den Kopf ein, leben unser Leben still und resigniert inmitten der Massen weiter und können so die Stimme und den Ruf nicht hören. Und wenn wir sterben, sterben wir in aller Stille. Unsere Herren pflegen unsere Gräber und stellen sicher, dass wir auf ewig anonym bleiben. Doch keiner ist ein größerer Sklave als derjenige, der sich frei fühlt, ohne frei zu sein. Keiner ist ein größerer Sklave als derjenige, der den Ruf hört und dennoch aus Angst vor den anderen sein Herz für immer dem Ruf der Liebe verschließt.«

XIV

Ich half Khalil bei der Zubereitung eines phantastischen Abendessens. Hier in diesem Stückchen Himmel hatten wir alles, was wir brauchten: Feigen, Datteln – der Energielieferant der Wüste –, exotische Früchte, die hier von den Bäumen fallen, grüne Oliven, Käse aus der Milch der Kamele, die in der Oase leben und denen sich mein treues Tier erfreut angeschlossen hatte, sowie kristallklares Quellwasser mit allen Mineralien, die der menschliche Körper braucht – um nur einiges zu nennen.

In der Abenddämmerung setzten wir uns unter einen alten Feigenbaum. Nach dem Essen ging es mir schon viel besser. Dennoch war ich melancholisch. Nicht traurig, einfach nur niedergeschlagen. Das überkommt mich manchmal, wenn ich am wenigsten damit rechne. Mein ganzes Leben lang versuche ich schon herauszufinden, warum das so ist, aber ich habe noch keine Antwort darauf gefunden.

»Khalil, warum sind wir mitunter deprimiert,

traurig, kraftlos – ganz ohne Grund? Ich habe überall auf der Welt Menschen getroffen, denen es so geht. Manchmal dauert es einen Tag, manchmal auch länger. Man wacht an einem Tag wie jedem anderen energiegeladen auf, nachdem man gut geschlafen hat, und nach ein paar Stunden hat man plötzlich zu nichts mehr Lust.«

»Lange Zeit dachte ich, bei mir wäre es so, weil ich die Einsamkeit gewählt habe, um mein Leben und meine Träume zu leben«, sagte Khalil. »Aber je älter ich wurde, desto mehr Menschen habe ich gesehen, denen es genauso erging. Wir alle haben gute und schlechte Tage. Aber ich will auf etwas ganz anderes hinaus.«

Er blickte in die leere Wüste. Nur die unzähligen funkelnden Sterne waren Zeugen, wie ich mein Herz und meine Seele diesem wunderbaren Menschen öffnete und ihm meine innersten Gefühle schilderte, wie ich mein Herz und meine Seele gänzlich vor ihm entblößte.

»Sergio«, sagte er, und sein Herz nahm einen weichen Blauton an, »ich glaube, das Leben ist zu kurz, als dass ein Mensch die Antwort auf alle Fragen haben könnte, die wir uns im Leben stellen, Fragen nach dem Sinn des Lebens, nach dem Tod, dem Bösen, nach Beziehungen und auch Traurigkeit. Ich kann dir nur sagen, dass ich mich manchmal genauso fühle wie du, lieber Freund. Ich glaube, das passiert jedem, wie du sagst. Vielleicht muss es ja so sein, und wir müssen uns einfach damit abfinden. Wir wissen beide, dass dieses Gefühl der Leere, der Sinnlosigkeit früher oder später vergeht. Und genauso ist auch Glück kein Zustand, in dem man immer verbleiben kann.«

Er fuhr fort: »Immer wenn wir einen Ort verlassen, den wir lieben, sterben wir ein bisschen, Sergio. Immer wenn wir mit einem geliebten Menschen schlafen, teilen wir die Liebe zu ihm und sterben ein bisschen. Wenn wir einen Freund verlieren, mit dem uns wundervolle Momente und Erinnerungen verbinden, sterben wir ein bisschen. Und, ja, jedes Mal, wenn wir alles zurücklassen, um unseren Träumen zu folgen, um dem Ruf zu folgen, dann sterben wir auch ein bisschen.«

Er sah mich an. Tränen liefen aus seinen blauen Augen. »Vom Tag unserer Geburt an sterben wir jeden Tag ein bisschen. Und am Ende werden wir alle sterben. Aber weißt du was?«

»Sag es mir.«

»Nicht alle können leben, Sergio. Viele Menschen gehen durch die Welt, obwohl sie schon lange tot sind. Sie sind gestorben, als sie ihre Träume abgetötet haben und andern gefolgt sind.«

»Vermisst du deine Mutter denn nicht, Khalil?«, fragte ich.

»O doch. Manchmal habe ich auch Sehnsucht nach dem Ort, an dem ich geboren wurde, nach den alten Freunden, selbst nach dem Komfort des modernen Lebens. Aber wenn man etwas haben will, muss man auch immer etwas von sich geben – nicht aus Zwang, sondern aus freiem Willen. Wichtig ist nur die Frage: War es das wert?«

»Und war es das für dich wert, Khalil?«

Er lächelte.

»Ich bin immer noch hier, oder?«

Der Morgen kam. Ich hatte schon lange nicht mehr so gut geschlafen. Ich hatte nicht geträumt, was ich als ein gutes Zeichen deutete. Vielleicht lag es an der Luft oder an den Vögeln, die sangen, als der Tag anbrach, oder an dem steten Murmeln der Quellen. Vielleicht hatte es aber auch mit der Tatsache zu tun, dass ich, ohne es zu merken, Liebes Ruf gehört und trotz aller Widrigkeiten sicher in dieses kleine Shangri-La gefunden hatte. Alles schien hier in vollkommenem Einklang zu sein. Ich konnte gar nicht glauben, dass man nach nur zwei, drei Tagesreisen durch den Wüstensand an diesen Ort gelangte – er war der Welt der Menschen so nah, und dennoch hatte man das Gefühl, auf einem anderen Planeten zu sein.

»Die Pforten der Hölle liegen nur ein paar Schritte von der Himmelstür entfernt.«

Am Abend ging Khalil durch das kleine Gemüsebeet, das er selbst angelegt hatte. Es war faszinierend zu sehen, mit welch einer Zuneigung er die Pflanzen berührte, sie streichelte und mit ihnen sprach. Egal, aus welchem Winkel man ihn anblickte, immer sah man das Funkeln in diesen tiefblauen Augen, aus denen so vieles sprach. Ich musste an den hawaiianischen Surfer denken, den ich auf einer meiner Reisen in den Archipel kennengelernt hatte. Er spielte für sich allein Gitarre, aber die tiefgründigen Texte, die er selbst gedichtet hatte, machten die Lieder zu etwas ganz Besonderem. Ein Lied schien allein für Khalil geschrieben zu sein:

Wenn ich dir in die Augen blicke,
Ist mir, als würde ich den Nachthimmel sehen
Oder einen wunderbaren Sonnenaufgang.
Denn so vieles spricht aus ihnen,
Und wie all die Sterne,
Sage ich, bist du von weit her gekommen,
Um genau dort zu sein, wo du bist.
Wie alt ist deine Seele?

Dieser Mann war wahrlich vollkommen in Frieden mit sich – ein glücklicher Mann.

»Bist du glücklich, Sergio?«

Ich drehte mich um. Khalil war auf seinen Gehstock gestützt zu mir gekommen.

»Bist *du* glücklich, Khalil?«

»Glück ist die Summe all der kurzen Momente der Erkenntnis, die wir im Lauf unseres Lebens haben«, sagte er. »Aber kannst du dir vorstellen, wie es wäre, wenn wir die ganze Zeit glücklich wären? Dann würde die Bedeutung des Glücks verloren gehen. Wir könnten es mit nichts anderem, mit keinem anderen Gefühl vergleichen. Ich denke also, dass der Grund für diese Momente unerklärlicher ›Traurigkeit‹ – um diesem Gefühl einen Namen zu geben – darin liegt, jene Augenblicke schätzen zu lernen, in denen man überglücklich ist, am Leben zu sein, und sie im Herzen zu behalten. Eines habe ich gelernt, Sergio: Unabhängig davon, was wir denken oder glauben, ist das Leben so weise, uns früher oder später unzählige unterschiedliche Momente mit unzähligen unterschiedlichen Gefühlen zu schenken. Aber wie man damit umgeht, muss jeder Mensch selbst entscheiden. Ich habe Kinder gesehen, die lächelten wie Engel, obwohl sie nichts als ein Stück Holz zum Spielen hatten. Ich habe reiche Menschen gesehen, die alles hatten, was man mit Geld kaufen kann, dennoch sah man in ihren Augen ganz deutlich die tiefe Leere, die in ihren Herzen wohnt. Doch darüber hinaus habe ich meine eigene kleine Theorie.«

»Und was ist deine Theorie?«, fragte ich Khalil.

»Ich glaube, es hat etwas damit zu tun, in welche Richtung die Welt steuert. Wir werden immer mehr zu Verbrauchern und sind immer weniger

Individuen. Überall auf der Welt gibt es *Malls*, diese riesigen Einkaufszentren, die wie Pilze aus dem Boden schießen und die ich die ›Kirchen des 21. Jahrhunderts‹ nenne. Vor ein paar Hundert Jahren waren die meisten Menschen materiell gesehen arm und mussten sich an Gott oder an eine Religion halten und daran glauben, dass es etwas Besseres gibt, etwas, das sie eines Tages von ihrer elenden Existenz erlösen würde. Doch je mehr Länder auf der Erde einen gewissen materiellen Wohlstand erreichen und Technologien entwickeln, die den Menschen das Leben leichter und länger machen, je mehr wir verdienen und je mehr Sachen wir uns leisten können, von denen wir denken, dass sie uns glücklicher machen, desto mehr wächst parallel dazu auch dieses Gefühl von Traurigkeit in uns. Die Welt hat sich ständig und immer verändert und wird sich auch weiterhin ändern. Heutzutage gibt es so viele neue Glaubensgemeinschaften oder ›Religionen‹ – Scientologen, Adventisten und viele mehr. Doch ich für meinen Teil habe beschlossen, meine eigene Spiritualität zu entwickeln, indem ich nicht einer bestimmten Religion anhänge, sondern versuche, aus jeder das Beste herauszuziehen. Wenn die Sonne am Horizont aufgeht und dem Wüstensand Farbe verleiht, oder wenn ein neugeborenes Kind zum ersten Mal die Augen aufschlägt und diese wundervolle lebendige Welt erblickt, mit der wir alle gesegnet sind, dann finde ich zu meiner wahren Spiritualität.«

»Aber ein Mensch, der isoliert in der Wüste lebt und keinerlei Kontakt zu anderen Menschen hat, weiß doch gar nicht, wie die Welt, die ihn umgibt, sich verändert«, sagte ich.

»Hin und wieder besuche ich meine wunderbare Mutter Tamara«, sagte er. »Sie hat das Recht zu wissen, warum ich mich für genau dieses Leben entschieden habe. Und bei jedem Besuch sehe und erlebe ich mit Erstaunen, wie schnell sich die Welt verändert. Außerdem«, fügte er hinzu, »bist du nicht der Erste, der mich besuchen kommt – Liebe sei Dank! Hast du je Luftspiegelungen in der Wüste gesehen, Sergio?«, fragte er mich.

»Natürlich.«

»Man kann sich von den Fata Morganen leicht in die Irre führen lassen. Diese optischen Täuschungen werden vom Sonnenlicht auf dem heißen Sand ausgelöst und scheinen die trockene Wüste manchmal in einen riesigen See zu verwandeln. Aber mehr steckt nicht dahinter, es ist einfach eine Sinnestäuschung. Alles sieht ganz real aus, ist es aber nicht. Genauso verhält es sich mit den vielen ›Sinnestäuschungen‹, die es auf der Welt und in unserer Gesellschaft gibt.«

Ich spürte, wie mir die Tränen kamen. Wer war dieser Mann? Das offen schlagende Herz eines Fremden, den nur wenige Menschen kannten, leuchtete heller als alle Sterne am Himmel. Sein Herz war absolutes Licht, und es war stärker als der stärkste Sandsturm, der durch die knochentrockene Sahara tost.

Unbeschreibliche Stille umgab mich und ein Friede, den ich nie zuvor empfunden hatte. Ich dankte dem Leben, einer der wenigen Glücklichen zu sein, die solche einzigartigen, besonderen Momente erleben durften. Ja, es stimmt, dass ich meinem Herzen folgen und einen langen, steinigen Weg zurücklegen musste, um hier anzukommen und mich neben diesen unglaublich weisen Mann zu setzen. Ich musste zahllose Kilometer durch die Sahara wandern und stolpern, und jeder Schritt war eine Qual gewesen. Aber jetzt, als ich nach Khalils weisen Worten der Stille des Universums lauschte, wusste ich, dass es die Sache wert gewesen war und ich es, wenn nötig, wieder tun würde.

»Danke, Khalil.«

»Wofür denn, Sergio?«

»Ich weiß nicht, wo ich anfangen soll, Khalil. Aber die Zeit, die du mir schenkst, und die Dinge, die du mir klarmachst und die ich im Inneren wahrscheinlich schon gewusst, aber nie selbst erfahren oder erfasst habe, sind Schätze, die mein Leben lebenswert machen.«

Khalil lächelte. »Zwei große Kinder mitten im Nichts und doch in totaler Eintracht mit ihrer Umgebung. Keine anderen Menschen, keine Religionen, nichts Böses, keiner, der dir Antworten geben kann, außer deinem eigenen Herzen. Ich glaube, Glück hängt vor allem davon ab, wie wir unser eigenes Leben sehen. Weißt du, warum Kinder so glücklich sind? Erwachsene behaupten immer, es liege daran, dass sie keine Verantwortung tragen. Ich bin anderer Meinung. Sie sind glücklich, weil sie im Hier und Jetzt leben und instinktiv wissen, was wichtig ist im Leben – so wie auch alte Menschen am Ende ihres Lebenswegs. Sie beklagen sich nicht über Vergangenes und machen sich keine Sorgen um die Zukunft. Das ist der große Unterschied. Manche alte Menschen haben das Glück, im goldenen Herbst ihres Lebens wieder Kinder zu werden und den Ruf zu hören.«

Die Stunden verstrichen schneller, als der Wind über die Dünen blies, und ein neuer Tag brach an. Khalil bedeckte sein Herz wieder umsichtig mit dem schönen blauen Baumwolltuch vor der heißen Sonne des Tages.

Er stand auf, sah mich an und sagte:

»Danke, Sergio.«

»Wofür?«, fragte ich.

»Dafür, dass du einem schlagenden Herzen zugehört hast, das eher früher als später seine Leuchtkraft, sein Licht verlieren wird. Doch ich hoffe, dass dir wenigstens die Worte eines wahren und naiven Kinderherzens im Sinn und im Herzen bleiben werden.«

»Wie meinst du das?«, fragte ich. »Du kannst doch nicht schon gehen!«

»Ich bin müde, Sergio, und ich muss mich vor der Hitze schützen.«

Bevor er wieder ins Zelt ging, blickte er zu den letzten Sternen hinauf, die mit der Morgensonne langsam verblassten.

»Ich danke jedem Gott, den es gibt, für meine Seelenstärke, dafür, dass ich über mein Herz wachen und jung und frei bleiben konnte, als ich alt wurde. Vor allem aber danke ich Ihm, dass Er mich so lange hat leben lassen, eingehüllt in diesen unbarmherzigen Leib, und mir Erfüllung in meinem Leben geschenkt hat. Gib mir deine Hand, Sergio, und lass uns ins Zelt gehen, während die Sonne die Luft wärmt.«

Wir gingen in Khalils Zelt, das eher einer Hütte glich. Aus dem Holz der Bäume, die abgestorben und umgekippt waren, hatte er fachmännisch Stangen gemacht. Sie hielten die weiche, weiße

Plane, die sein Heim bedeckte. Außerdem hatte er eine Stelle gewählt, an der hohe Palmen viel Schatten und Wasserquellen vor der Hitze der umliegenden Wüste Kühle spendeten. Als ich eintrat, war es, als würde ich eine erfrischende, heimelige Oase der Ruhe betreten. Im Schutz der Palmen und seines Zeltes nahm Khalil die blauen Gewänder ab und legte einen weißen Lendenschurz an.

Es war wundervoll, diesen weisen Mann zu beobachten, der das Schlagende Herz der Wüste in der Brust trug. Er legte sich auf weiche Kissen. Sein Herz wurde fast weiß wie der unendliche Friede, den dieser Mensch ausstrahlte. Die smaragdgrüne Liebe, die immer auf Khalils Herzen saß, machte das Bild vollkommen.

»Khalil?«

»Ja, mein Freund.«

»Ich habe diesen Moment abgewartet, um dir eine Frage zu stellen, die mir seit Längerem den Schlaf raubt.«

»Und wie lautet deine Frage?«

»Warum ich? Wer hat mich die Stimme des Schlagenden Herzens der Wüste hören lassen und mich zu dir an diesen magischen Ort gebracht, mir diesen magischen Augenblick geschenkt?«

Khalil lächelte.

»Keiner. Niemand war auf diesen Moment vorbereitet. In jedem Augenblick unseres Lebens müssen wir eine Wahl treffen und einen Weg einschlagen. Und wie bei allen Herzensangelegenheiten können wir die Schönheit eines Ortes, eines Moments, eines Gefühls, ja selbst die Güte, die allem Bösen innewohnt, nur entdecken, wenn wir den Ruf hören. Manchmal liegt das Vollkommene direkt vor uns, doch jenen, die nur mit den Augen und nicht mit dem Herzen sehen können, bedeutet es nichts. Aber du, Sergio, du hast die Stimme gehört. Und ob du es glaubst oder nicht, viele andere Menschen überall auf der Welt hören sie langsam auch. Die Stimme hat viele Gestalten oder Namen. Manche sagen, sie hätten endlich das Licht gesehen, andere meinen, sie hätten endlich den Sinn ihres Lebens erfasst. Viele Menschen kündigen oder wechseln die Arbeitsstelle, weil ihnen an einem glücklichen Leben mehr liegt als an Reichtum. Menschen, die Nahtoderfahrungen gemacht haben, sind wahrscheinlich am glücklichsten dran. Wenn sie kurz vor dem Übertritt auf die andere Seite stehen, bereuen sie es, so viel Zeit in ihrem Leben verschwendet zu haben, und in dem Augenblick, da sie dachten, sie würden sterben, haben sie nachträglich den Sinn des Lebens erkannt. Und wenn sie dann in unsere Welt zurückkommen, beginnen sie, anders zu handeln. Sie hören die Stimme, wenn ihr Leben kurz vor dem Ende steht, und bereuen vieles. Zum Beispiel, dass sie nicht den Mut hatten, ihre Gefühle auszudrücken, wenn sie die Möglichkeit dazu hatten, oder dass sie sich nicht getraut haben, ein Leben in vollständiger Aufrichtigkeit zu sich selbst zu führen. Stattdessen haben sie sich so verhalten, wie andere es von ihnen erwarteten, nur um einträchtig mit ihren Mitmenschen zusammenzuleben. Sie wurden wütend, und in dem Groll, den sie hegten, weil sie nicht das Leben lebten, nach dem ihr Herz sich sehnte, wurden sie sich bewusst, dass ihre Existenz mittelmäßig war. Sie bereuen es, so viel Zeit mit Arbeit verbracht zu haben, anstatt ihr inneres Kind zu befreien und herumzualbern. Durch ihre Jobs haben sie die Gelegenheit verpasst, ihre Töchter und Söhne wachsen zu sehen oder mehr Zeit mit ihren Freunden zu verbringen. Der Arbeitsalltag hat ihnen die Träume genommen. Und am betrüblichsten ist, dass sie bei ihren Entscheidungen Rücksicht auf die Meinung anderer genommen und nicht auf die Stimme ihres Herzens gehört haben. Dadurch haben sie ihr Leben verschwendet, ihre Träume aufgegeben …«

»… und den Sinn ihres Lebens nicht erkannt?«, fragte ich.

»Genau! Für sie war das Leben ein Überlebenskampf, ein Kampf, besser zu sein als andere. Aber tief in ihrem Herzen hassten sie dieses Leben. Sie waren gefangen in der ›Komfortzone‹, aber in ihrem Inneren wussten sie, dass Glück kein Geschenk, sondern eine Option ist, für die man sich im Leben entscheiden kann. Wie bei allem, was einem im Herzen wichtig ist, hat es seinen Preis, und für viele ist dieser Preis zu hoch. Dennoch tut es ihnen leid, dass sie nicht aufrichtig waren und nicht den Mut hatten, ihre Träume zu leben, ihre eigenen Ziele zu erreichen. Sie hatten Angst vor einer Veränderung, Sergio. Sie dachten, die Stimme sei ihre Feindin, sie begriffen einfach nicht, dass sie ihnen die beste Freundin sein würde, die sie ihr Leben lang haben könnten. Der Lärm der Massen übertönte diesen einzigartigen Augenblick der Erkenntnis, vor der wir Menschen alle an einem bestimmten Punkt unseres Lebens stehen.«

XV

Es war früh am Morgen. Khalil hatte sich in sein Zelt zurückgezogen. Ich respektierte seinen Wunsch, allein zu sein. Ich war eingeladen worden an diesen wundervollen Ort voller Frieden und Erkenntnis, einen Ort der Liebe, an dem eine winzige Seele namens Liebe jubilierte. Dieser Ort hatte etwas so Außergewöhnliches und Besonderes an sich, das ich nicht greifen konnte – kein Stress, keine Uhren, keine Hektik. Ich wusste nicht einmal, welchen Tag wir hatten, und es spielte ja auch wirklich keine Rolle. Man musste keinem Trott folgen, musste einfach nur die Ausdauer haben, dem treu zu bleiben, woran man glaubt. Und in Khalils Fall musste man den Mut haben, vieles aufzugeben, und am Ende zahllose Jahre in diesem kleinen Paradies verbringen, um mehr über sich selbst zu erfahren und herauszufinden, worum es im Leben wirklich geht. Man muss sich den Lehren von Mutter Natur öffnen und darf sich in keiner Weise von der Außenwelt beeinflussen lassen – nicht von Religionen, nicht von westlicher oder islamischer oder irgendeiner anderen Kultur, sondern nur von der Kultur, die auf der universalen Sprache der Liebe gründet.

Liebe. Am Vorabend hatte Khalil gesagt, dass wir stundenlang über Liebe sprechen, gar tausend Bücher darüber schreiben könnten.

»Ich habe die Erfahrung gemacht, dass Liebe kein abstrakter Begriff ist«, hatte er gesagt. »Liebe ist Tun, sie verleiht unseren Handlungen Bedeutung. Man muss immer hochaufmerksam sein, denn Liebe kann sogar in das Herz einer Libelle dringen. Der Ruf, die Stimme – sie alle sind Zeichen von Liebe. Wenn man genügend Übung hat, um Liebe sogar in einem einzelnen Sandkorn zu erkennen, dann wird sich Liebe immer in Glück für dich und für andere verwandeln. Vertraue auf Gott – unabhängig davon, was du dir für eine Vorstellung von Gott machst. Vertraue auf dich selbst. Vertraue auf die Liebe, denn du bist Liebe. Neid, Rachsucht, Angst und viele andere Gefühle sind lediglich Ausdruck einer verletzten Liebe. Heile dich selbst, indem du die Liebe lebst. Folge deinem Gespür, denn es kommt aus deinem eigenen Herzen und aus keinem anderen. Lebe im Hier und Jetzt, achte auf jede Kleinigkeit und fühle sie intensivst. Dann wirst du feststellen, dass du in deinem Herzen alle Antworten findest, die du suchst.«

Am nächsten Morgen wachte ich früh auf. Ich gewöhnte mich langsam an diesen magischen Ort. Keine Regeln, keine Vorschriften; aber mit der Natur und mit Khalil als Vorbildern konnte ich nichts falsch machen. Mir war, als hätte ich endlich herausgefunden, wie ich mein Leben leben musste, wie ich in Harmonie mit mir selbst und dem Universum sein konnte. Und das findet man in keinem Buch und auch nicht in den gesellschaftlichen Regeln. Es klingt merkwürdig, aber es kam ganz von selbst, als hätte ich mich endlich in den natürlichen Fluss meines Lebens begeben.

Wie viele Tage waren vergangen, seit ich hierhergekommen war? Nicht einmal daran konnte ich mich erinnern. Ich fühlte, dass ich an diesen Ort gehörte, zumindest ein Teil von mir. Nicht an diesen Ort für sich, denn mein Herzenswunsch war schon immer gewesen, am Meer zu sein. Doch ich hatte erkannt, dass ich all das, was ich in dieser kleinen Oase gelernt hatte, überall, wohin ich ging und wo ich war, in die Praxis umsetzen könnte. Nun, nachdem mein Traum zu erfahren, wohin die Stimme der Liebe mich führte, wahr geworden war und ich mit eigenen Augen die Schönheit und Weisheit gesehen hatte, indem ich meinem Herzen gefolgt war, hatte ich das Gefühl, dass meine Reise zu Ende ging.

Ich zog leichte Kleidung an und spazierte ein letztes Mal durch diese wunderschöne Oase. Sie war klein, aber mehr brauchte man nicht, um ein gutes, friedvolles Leben zu führen. Vermutlich hat sie mich deshalb auch so beeindruckt. Man musste nur ein paar Schritte aus dem Palmenschatten treten und stand auf einmal in einem Garten voller Blumen und Bäume und Vögel aller Art, die die Luft mit ihrem schönen Gesang erfüllten. Nur die Kamele erinnerten mich daran, wo ich war. Dennoch machte sich das Fehlen des Meeres immer schmerzhafter bemerkbar.

Ich sah Khalil, der, auf seinen Gehstock gestützt, die Kamele fütterte. Bevor ich zu ihm trat, hatte er meine Anwesenheit schon gespürt. Lächelnd setzte er sich ans Seeufer. Ich ging zu ihm.

»Hallo, Sergio.«

»Hi, Khalil.«

»Ein schöner Morgen«, sagte er. »Die Luft ist kristallklar wie Quellwasser. Aber ich spüre, dass du etwas auf dem Herzen hast, das dich ein bisschen durcheinanderbringt.«

»Es ist eben einer dieser Tage, an dem man melancholisch wird, Khalil.«

»Wenn der Vogel singt, heißt das nicht notwendigerweise, dass er auch glücklich ist«, sagte Khalil. »Manchmal muss man einfach die Augen mit Tränen waschen, um besser zu sehen. Was will mich dein Herz denn nun fragen?«

Das Schlagende Herz der Wüste konnte selbst in die verborgensten Winkel der Herzen derer sehen, die den Mut hatten, dem Ruf zu folgen.

»Am schwersten fällt es mir, mich in Geduld zu üben, Khalil«, sagte ich. »Ich habe schon von vielen weisen Frauen und Männern überall auf der Welt gehört, dass Geduld einer der wesentlichsten Seelenzustände ist, die der Mensch erreichen sollte. Aber manchmal habe ich das Gefühl, dass das Leben so kurz ist, und ich spüre die Dringlichkeit, schneller zu gehen und mehr zu tun. Denn ich habe Angst, dass es kein Morgen geben und ich so viele schöne Erfahrungen und Orte, die das Leben einem schenken kann, verpassen könnte.«

Khalil lächelte.

»Ich hatte früher auch ein hektisches Leben, deshalb habe ich kostbare Lebensjahre verloren. Aber aus meinem Fehler habe ich gelernt, dass ein Leben in Hast für mich die erbärmlichste Lebensweise ist. Anstatt von A nach B zu rennen und doch nirgendwo anzukommen, beschloss ich, eine Pause einzulegen und mir Zeit zu nehmen, Fragen zu beantworten wie: Was ist der Sinn des Ganzen? Macht es mich wirklich glücklich? Was bezwecke ich mit meinen Handlungen? Ich überlegte, was das ist, das viele, einschließlich mir, die ›wichtigen Dinge des Lebens‹ nennen. Ich begriff, dass es meinem Leben Sinn und Zweck verlieh, wenn ich anderen das Beste meiner selbst schenkte, wenn ich all jenen dankte, die mir halfen. Doch um sich darüber klar zu werden, braucht es Zeit, Sergio. Die Gesellschaft wäscht uns das Gehirn und redet uns ein, dass wir reich oder anerkannt sein müssten, um unseren Egoismus zu befriedigen. Dann aber hören wir plötzlich die Stimme, den Ruf, und wir begreifen, dass wir endlich zu dem werden, was wir sind und was wir denken, wenn wir anderen helfen, die sich nicht selbst helfen können, und wenn wir neugierig bleiben und wieder das Kind werden, das wir einst waren. Man muss Schluss damit machen, auf andere zu hören, und stattdessen seinem Herzen lauschen, nur so können wir den Ruf hören. Man hat uns beigebracht, dass der Weg zum Glück darin besteht, uns mit materiellem Besitz zu umgeben, obwohl sich wieder und wieder gezeigt hat, dass man Dinge gar nicht besitzen kann. Irgendwann im Leben kommen wir alle an den traurigen Punkt, Gefangene dessen zu sein, was wir unseren Besitz nennen. Glaub mir, Sergio, das ist so, seit der erste Mensch den ersten Schritt gemacht hat. Um zu erkennen, dass sich der Wert all dieser vermeintlichen Schätze in Luft auflöst, muss etwas wirklich Schlimmes im Leben passieren.«

»Ja, Khalil. Ich habe es erlebt. Ich weiß, wie sich die Hölle anfühlt.«

Er lächelte. »Ich habe dich beobachtet, Sergio. Wie ich hast auch du nun einen Punkt erreicht, an dem selbst die wertvollsten materiellen Güter dich nicht mehr besitzen können. Je weniger wir haben, desto näher kommen wir dem Pfad des spirituellen Wachstums. Solange Dinge uns nicht besitzen, können wir spüren, wie uns das Universum gehört.« Er holte tief Luft und sah mich nachdenklich an. »Irgendwann, irgendwo und irgendwie wirst du aufschreiben, was wir heute besprochen haben, und es wird Menschen geben, die genauso fühlen wie wir.«

»Schreiben? Du meinst, ein Buch? Ich bin Ingenieur, Khalil, ich habe noch nie im Leben etwas geschrieben, kein einziges Wort!«

»Ach, das wirst du schon noch!«, sagte Khalil lächelnd.

Jetzt war ich wirklich verwirrt. Ich – ein Schriftsteller? Ich glaubte schon langsam, dass die Wüstensonne ihren Tribut an Khalils Verstand gefordert hätte.

Aber Khalil blickte nach Westen zum Horizont.

»Dahinten, ganz im Westen, liegt etwas, das du mehr liebst als alles andere auf der ganzen Welt.«

»Mein Bruder, der Ozean«, sagte ich. »Woher weißt du das?«

»Trau dich zu leben, Sergio, auch wenn das Leben manchmal die schwierigste Reise überhaupt ist. Mitunter wird es dich mit aller Härte schlagen, aber überkomme deinen Schmerz und geh weiter. Denk nicht an die Vergangenheit, denn sie kann dir die Freude rauben. Bleib offen und neugierig und kümmere dich nicht um das, was andere denken oder sagen. Und hör niemals auf, anderen Menschen etwas von dir selbst zu schenken, auch wenn du meinst, du hättest nichts mehr zu geben. Geh Risiken ein, setze alles aufs Spiel. Tu, was dir am meisten Freude macht. Und ergreife die Gelegenheit, triff eine Wahl. Fang an, deine Geschichte zu schreiben.« Er sah mich an. »Danke, dass du dir die Zeit genommen hast und das Risiko eingegangen bist, mich zu besuchen«, sagte er. »Du warst mir eine gute Gesellschaft und hast mir die Chance gegeben, einem anderen Menschen zu vermitteln, was das Schlagende Herz der Wüste aus seinem Leben gelernt hat. Ich gehöre zu denen, die geben. Wie du. Ich freue mich unendlich über dich, aber ich freue mich noch mehr, wenn du zu deinem geliebten Meer zurückkehrst. Das ist das schönste Geschenk, das du mir machen kannst.«

Am nächsten Tag packte ich meine Sachen, fütterte mein treues Kamel und bereitete mich körperlich und seelisch auf die beschwerliche Reise vor, die ich nun bald antreten würde. Doch Angst hatte ich jetzt keine mehr. Ich wusste, wo Westen war. Ich wusste immer, wie ich das Meer fand, selbst in meinen Träumen. Ich hatte das Glück gehabt, in jungen Jahren den Ruf zu hören und ihm zu folgen.

Ich sah, dass Khalil ein kleines Feuer machte. Er röstete Nüsse und Körner und kam dann auf mich zu. Seine Brust lag frei, sein Herz strahlte heller denn je.

»Du weißt, Sergio, dass es jetzt heißt: bis wir uns wiedertreffen.«

»Ja, ich weiß.«

»Etwas zu verlassen heißt, ein bisschen zu sterben. Aber ich bin nicht traurig. Immer wenn man ein bisschen stirbt, bekommt man die Bestätigung, dass man noch lebt.«

Und dann sah ich Liebe, die hübsche hellgrüne Libelle, von Khalils Herzen auffliegen und zu mir flattern.

»Danke, Khalil.«

»Du musst mir nicht danken, lieber Freund. Denk einfach immer daran, dass Liebe, egal, welche Gestalt sie annimmt, dich auf dem Weg führt, den du gewählt hast. Auf dem richtigen Weg.«

Ich wandte mich schon zum Gehen, da erinnerte ich mich an etwas. Ich steckte die Hand in meine Tasche und umschloss den kleinen, alten Zettel, der mich in diese Oase der Erleuchtung geführt hatte. Ich ging zu dem Feuer, das Khalil gemacht hatte, und warf den Zettel hinein. Gleich darauf schwebte die Asche des verbrannten Papiers um das Feuer herum.

»Was hast du gemacht?«, fragte Khalil.

»Ich habe deiner Mutter ein Versprechen gegeben, Khalil. Ich denke, sie ist nun Teil deiner magischen Oase.«

Das Schlagende Herz der Wüste glitzerte jetzt wie die Sterne am Firmament.

»Liebe wird dich in den sicheren Hafen führen, Sergio. Immer.«

Nachwort

Warum habe ich anfangs gesagt, dass ich diese wahre Geschichte schon lange hätte schreiben sollen, es aber bisher nicht getan habe?

Nun weiß ich es. Ich musste auf eine Frage warten, die ein reines Herz stellte und die so lange nach meinen wunderbaren Erlebnissen mit dem blauen Volk der Wüste und mit einem außergewöhnlichen Mann namens Khalil, dem Schlagenden Herz der Wüste, auftauchte.

Bei einer meiner Reisen nach Mexiko hielt ich einen kurzen Vortrag vor einer Gruppe junger Schüler. Sie waren vielleicht sechs, sieben Jahre alt, ein Alter, in dem Menschen noch nicht wissen, wie man lügt. Wenn sie eine Frage stellen, kommt sie direkt aus ihrem Herzen. Und es gibt nur eine Art, darauf zu antworten: mit der Stimme seines eigenen Herzens.

Mein Vortrag war fast zu Ende. Die Zeit verzeiht einem nicht, wenn man wundervolle Momente verpasst, und diese kostbaren Augenblicke der Erkenntnis verfliegen schnell. Während des Vortrags hatte ich dennoch gesehen, dass sich ein kleines Mädchen in der Gruppe immer wieder meldete und eine Frage stellen wollte, aber nicht aufgerufen wurde. Als die Lehrerin die Stunde beenden wollte, unterbrach ich sie:

»Seit über einer halben Stunde will ein Mädchen eine Frage stellen. Ich kann nicht gehen, ohne dass ich ihr Gelegenheit gebe, etwas zu sagen.«

Die Lehrerin sagte lächelnd: »Gut. Letzte Frage.«

Ich deutete auf das Mädchen, und man reichte ihr gleich ein Mikrofon.

»Wie heißt du?«, fragte ich.

»Luna.«

»Hallo, Luna«, sagte ich. »Was willst du mich fragen?«

Sie stand auf, sah mir in die Augen und sagte:

»Sie haben gesagt, dass unser Alter die schönste Zeit in unserem Leben ist und dass wir uns an jedem Tag, in jedem Augenblick an unserer Kindheit freuen sollen. Denn wenn wir groß werden, wird das Leben irgendwann kompliziert, und dann werden wir immer an diese wundervollen Jahre zurückdenken.«

»Das glaube ich tatsächlich«, sagte ich.

»Wie alt sind Sie, Sergio?«

»Zweiundfünfzig.«

Sie sah mich an, in der Klasse war es mucksmäuschenstill, und fragte:

»Was würde der zweiundfünfzigjährige Sergio dem sechs Jahre alten Sergio sagen? Hat er seine Träume verwirklicht? Hat er das Leben gelebt, das er leben wollte? Fühlen Sie sich noch immer wie ein Sechsjähriger?«

Eine Weile lang sagte ich nichts. Die Frage bestürzte mich, weil ich darauf keine Antwort hatte, zumindest nicht in diesem Moment. Also tat ich, was mein Herz mir sagte.

Ich stand auf und applaudierte dem Mädchen. Die anderen Kinder klatschten auch, sogar die Lehrer. Der Beifall dauerte fast fünf Minuten, währenddessen weinten einige junge und auch ältere Seelen. Ich sah das bescheidene Lächeln auf Lunas Gesicht, die auf ihrem kleinen Stuhl saß. Ohne es zu wissen, hat Luna mir etwas beigebracht, das ich nie vergessen werde.

~

Nach so vielen Jahren war mir nun klar, dass es diese Frage aus einem reinen Herzen gebraucht hatte, damit ich diese Geschichte schreiben konnte. Glücklicherweise fasziniert mich noch immer, welch wunderbare Wege das Leben geht!

Also, Luna, ich glaube, ich kann Dir nun die goldige Frage beantworten, die aus der Unschuld Deines aufrichtigen und reinen Herzens geboren war.

Ich würde dem sechsjährigen Sergio sagen, dass der zweiundfünfzigjährige Sergio, nachdem seine Lebensreise nun schon so lange währt, noch immer träumen und auf den Ruf hören kann. Dass die einzigen Male, die ich am ganzen Körper trage, die Narben sind, die ich mir geholt habe, weil ich entgegen allen Ratschlägen einen Umweg gemacht und verborgene Schätze entdeckt habe. Dass ich nie jemanden aufhalten würde, der fliegen will. Dass ich mein Leben lang das Glück hatte, weise Menschen zu treffen, die, ob sie nun jünger oder älter sind als ich, noch immer glauben, dass alles möglich ist: dass man einen runden Stift für ein viereckiges Loch schnitzen kann. Dass sogar das Herz eines Kindes in Deinem Alter im Körper eines alten Mannes schlagen kann. Glaube mir, dass ich noch immer die viereckigen Löcher und die runden Stifte sehe. Ich gehe immer noch meinen Weg im Takt meines Herzens, auch nachdem ich verschiedentlich gestolpert bin. Nun, nachdem ich die ganze Welt mit eigenen Augen gesehen habe, weiß ich, dass es viele Wege gibt, die man im Leben einschlagen kann, und dass nichts anderes als die Stimme Deines Herzens, Liebe und der Ruf Dich immer in den sicheren Hafen führen werden. Ich weiß, dass Stillstand heißt, jeden Tag ein bisschen mehr zu sterben, und dass das Streben, Deinen Platz in dieser kleinen Welt namens Erde sowie im ganzen Universum zu finden, Dich über abenteuerliche Pfade führt. Pfade, die Du Dir nie hättest träumen lassen oder auch nur vorstellen können und die sich durch den endlosen Fluss des Lebens ziehen. Andere werden versuchen, Dich mundtot zu machen, Dich zu Fall zu bringen, Dich wieder in die Herde zurückzutreiben. Lass es nicht zu, hör nicht auf sie. Mache lieber Deine eigenen Fehler und gib keinem anderen die Schuld dafür. Demut wird Dein bester Gefährte sein, wenn Du den weniger begangenen Weg wählst. Du wirst nie aufhören zu lernen, worum es im Leben geht und dass sich die Quintessenz des Lebens für immer in einem einzigen Wort fassen lässt: Liebe. Wahre Liebe wird immer befreiend sein. Der einzige Mensch, dem Du Deine Entscheidungen erklären musst, bist Du selbst, alles andere ist ein gut gehütetes Geheimnis zwischen Dir und Deinem Gott. All die Knoten zu zerschlagen, mit denen das Leben und die Gesellschaft Deinen Körper und Deine Seele fesseln wollen, wird die größte Herausforderung sein, der Du Dich stellen musst. Doch die Werkzeuge

zu Deiner Befreiung liegen in Dir selbst, in Deinem Herzen, Deiner Seele, Deinem Geist – im Ruf. Finde Dich nie mit weniger ab, niemals!
Und ich will Dir noch etwas sagen, Luna. Vor langer Zeit hat mir das Schlagende Herz der Wüste, ein Mann aus der Sahara, der so wunderschöne blaue Augen, so schöne dunkle Haut und ein offenes Herz hatte, das fast die Sterne am Nachthimmel berühren konnte – dieser Mann hat mir etwas beigebracht, an das ich mich nun dank Deiner Frage erinnere. Und ich kann Dir ohne Reue sagen, dass Du eines Tages Deine letzte Lektion lernen, den letzten Ruf bekommen wirst, egal, wie jung Du Dich fühlst und wie oft Du die Stimme hörst. An diesem Tag wirst Du endlich frei sein. Frei von allen Lügen, die Du Dir Dein Leben lang anhören musstest, frei vom Druck Deiner Mitmenschen, frei von all den unbeantworteten Fragen, die Du noch haben magst. Du wirst an den Ort zurückkehren, von dem Du am Tag Deiner Geburt gekommen bist. An diesem Tag kannst Du alle Deine Besitztümer weggeben, sofern Du überhaupt noch welche hast. Dann hört die Uhr auf zu schlagen, und Du musst nie mehr irgendetwas erklären. Geld wird keinen Wert mehr besitzen, denn auf diesem Weg, den Du dann gehst, werden viele »wichtige Dinge« jegliche Bedeutung verlieren. Wenn dieser Tag kommt, wirst Du den Sinn der

Stimme, des Rufes erkennen. Worte wie Liebe, Güte, Seelenfrieden, ja auch Freiheit und Glaube werden letztendlich Bedeutung erlangen. An diesem Tag, meine schöne Luna, wird Liebe Dich umfangen, dieses Mal auf ewig. Du wirst ein Licht, das andere führt, Du wirst das Leben und die Liebe, die viele suchen und die nur wenige finden. Doch bis zu diesem Tag, liebe Luna, folge immer Deinen Träumen, egal, wohin und wie weit sie Dich führen.

Dein treuer Freund
Sergio